U0721295

中国佛教美学典藏

总主编

高建平　尹　佃

各分部主编

佛教绘画部　丁　方

佛教造像部　张　总　王敏庆

佛教书法部　何劲松

各分卷作者

造像经典与仪轨　王敏庆　普　能　著

石窟造像（上下）　何　莹　全　薇　著

地面寺院造像　宋伊哲　著

出土及传世造像　王敏庆　杨晓娟　吴源虹　著

经卷佛画　张建宇　著

石窟壁画　张俊沛　著

绢帛佛画　刘　韬　著

禅意绘画　陈粟裕　著

禅德墨迹　聂　清　著

佛教碑刻　胡吉连　著

敦煌写经　李逸峰　著

佛塔建筑　王　耘　著

伽蓝建筑　徐　翥　著

主要编辑、出版人员

社　　长　刘祚臣

副总编辑　刘金双

主任编辑　曾　辉

编　　辑　（按姓氏笔画排序）

于淑敏　马　蕴　王一珂　王　绚

王　廓　王慕飞　刘金双　邬四娟

李玉莲　李　静　宋焕起　林思达

帖慧祯　易希瑶　胡春玲　郭银星

黄佳辉　曹　来　盛　力　曾　辉

鞠慧卿

特约审稿　汤凌云　韩　伟　陈丽丽　王怀义

装帧设计　今亮后声

排　　版　博越设计

石窟壁画

内容简介

中国连续一千多年的佛教石窟凿建史，为我们留存下来无数风格各异、精美绝伦的壁画作品，它们是特定历史时期文化艺术的“活化石”。本书按题材分类，从美学视角出发，用生动有趣的故事、通俗易懂的叙述，将哲理深奥、神秘抽象的佛教经典史迹呈现给普通大众，带你走进石窟壁画的世界。本书既阐述了不同时段、不同类型壁画的时代特点，又展示了壁画美学在宗教义理之外所蕴含的平和宁静的意境之美和乐舞飘飞的动态之美。

张俊沛

中国人民大学博士，北京工商大学传媒与设计学院副教授，设计系副主任。主要研究领域为佛教艺术、丝绸之路文化艺术、文化创意设计。参与完成国家社科基金重点项目《汉传佛教雕塑的数字化整理》，主持完成教育部社科规划项目《3—6世纪丝绸之路石窟装饰纹样艺术风格学研究》，主持北京社科基金项目两项，参编《中国美术史》，发表学术论文十余篇。

高建平　尹佃
-总主编-

中国佛教美学典藏

佛教绘画部
主　编·丁　方

石窟壁画

张俊沛 — 著

中国大百科全书出版社

图书在版编目（CIP）数据

中国佛教美学典藏．石窟壁画/高建平，尹佃，丁方主编；张俊沛著．—北京：中国大百科全书出版社，2023.11

ISBN 978-7-5202-1312-7

Ⅰ．①中… Ⅱ．①高…②尹…③丁…④张… Ⅲ．①佛教—美学—研究—中国 Ⅳ．① B948

中国版本图书馆 CIP 数据核字（2023）第 048018 号

出 版 人 刘祚臣
策 划 人 曾 辉
责任编辑 曹 来 郭银星 王 廓
责任印制 魏 婷
装帧设计 今亮后声
排　　版 博越设计
出版发行 中国大百科全书出版社
地　　址 北京市阜成门北大街 17 号
邮政编码 100037
电　　话 010-88390969
网　　址 http://www.ecph.com.cn
印　　刷 北京雅昌艺术印刷有限公司
开　　本 889 毫米 ×1194 毫米 1/16
印　　张 20 拉页 6 面
字　　数 181 千字
印　　次 2023 年 11 月第 1 版
2023 年 11 月第 1 次印刷
书　　号 ISBN 978-7-5202-1312-7
定　　价 550.00 元

总序

这部多达十四卷的佛教美学和艺术的总汇，是聚数十名专业研究者，积八年之功，完成的一项宏大工程。在过去的这些年里，各位参与者都很辛苦。现在，终于苦尽甘来，欣喜之感油然而生。

当前，我们正处在中国式现代化建设的进程之中。要建设中华民族现代文明，就要将现代理论与优秀传统文化遗产结合。中国佛教艺术是中国传统文化和美学的一个重要组成部分。古人给我们留下了许多精美的艺术珍品，值得我们花大力气去整理、总结，站在现代的立场进行思考、研究。

在五千年的中华文明史中，最初一千多年，中华美学思想的萌芽可从巫史传统和工艺创造中体现。当时的人留下了丰富的实物，给我们提供了对那个时代文化状况的丰富的想象空间。其后，从商到周，出现和形成了精美的青铜器皿和发达的礼乐文化，在实物、操作和观念这三个层面，推动了中华美学思想的形成和发展。佛教是发源于印度的宗教，传入中华大地以后与中国原有的礼乐文明碰撞交融，经历了一次外来思想中国化的过程，由此造就了文明的更新。

中国的礼乐文化在周朝兴盛，历经春秋战国，尽管礼崩乐坏，但还是有人竭力保存，到秦汉时仍有所传承。礼乐文化服务于周王室，通过等级制度，实现以上化下、以夏化夷的政治设计。秦汉以后，分封逐渐消失，大一统的帝国逐步形成。这一时期，社会的上层与下层相距遥远，礼乐仍在上层社会的一些礼仪性活动中施行，这时就需要宗教在下层起到填补审美需求空间的作用。

在欧洲，希腊式的城邦制度解体，原来的希腊—罗马宗教体系只在上层社会被维持；而基督教则从社会的下层开始发展，吸引广大民众的支持，最终迫使罗马皇帝改宗，同时也在巨大的罗马帝国范围内流传，成为世界性的宗教。在中国，佛教在一定意义上也起着这样的作用。从汉代到唐代，普通民众的审美需求成为佛教兴盛的土壤。正是由于这一原因，通过满足社会中下层的审美需求，佛教的审美理想和艺术创造在文明的深处扎下了根。

中国佛教美学有着一些突出的特点。第一是理想性。这种理想性与非现实性、虚无和出世的观念结合在一起。这在华严宗和净土宗等宗派的思想中有明显的表现。它们所追求的净土，并非存在于现实的此岸世界，而是在理想的彼岸世界。它们的美，也从属于那个世界。现实的美只是彼岸世界美的影子。

第二是通过悟来感受世界。通过悟获得真美，或是苦修而悟道，或是禅宗所主张的顿悟，机缘触发，瞬间就能得道，即达到真美的境界。

第三是偶像崇拜。各种源于犹太经典的宗教，无论是犹太教、基督教，还是伊斯兰教，都流传逃出埃及的以色列人由于崇拜偶像而引起摩西震怒的故事，从而形成各种反偶像崇拜的传统，有的弃绝一切形象，有的不准造圣像。在这其中，即使后来最热衷造像的天主教，也是依据一套“愚人的《圣经》”的说辞，即运用图像给不能阅读的人演绎《圣经》故事，提供图像存在的理由。这样一来，天主教的图像只是神圣故事的演绎，其本身不具有神性；圣徒所崇拜的不是偶像，而是通过图像感受神的道理。与此不同，尽管佛教早期也有过一段无佛像时期，但后来很快就有了对佛像的普遍接受。佛教的造像被认为其本身就有神性，是神的化身。

第四是宏阔的时空观。源于犹太经典的各种宗教都具有关于世界起源的传说和关于世界末日的预言。佛教则不同，不认为有起源和末日，而认为世界在时间上是无限的，循环往复，以至无穷；在空间上也是无限的，无所谓中心、边缘；体现在美学和艺术上，佛教就具有一种超越时空、追求无限的美学观念。

第五是和谐圆融的审美境界。美的理想是一种圆，但这不是毕达哥拉斯的数学上的圆，而是圆融的生存境界。佛教讲世界和谐，这又是通过圆的意象得到体现。

本套书共分四部十四卷，涉及书法、绘画 、造像、建筑等。

佛教书法部共有四卷，即《敦煌写经》《佛教碑刻》《禅德墨迹》和《禅意绘画》。

在印刷术流行之前，佛经的流传主要靠人工抄写。在这方面，敦煌藏经洞给我们留下了大批人工抄写的佛经。在当时，传抄佛经是保存和流传的需要，同时佛教徒们也将抄写佛经当成一种修行，通过艰辛的抄写工作以积累功德。这不仅给我们留下了大量的经典，同时也为我们留下了重要的对当时的书写进行研究的材料。绝大多数佛教徒在抄写佛经时，都保有一种虔敬的心态，他们书写认真，字迹清楚、容易识读。在字体上，楷、行、草三体均有，但以楷书为主。

佛教碑刻包括佛经碑刻、造像题记及寺塔碑碣。这些碑刻用途不同，风格上也有差异，但大体上是以隶书和楷书为主，风格上庄严静穆，偶有装饰意味。

禅德墨迹包括具有文人趣味的禅僧的书法作品，以及受禅宗思想影响的文人的书法作品。这些作品风格自由活泼，字体多为行书和草书，通过笔墨直抒胸臆，表现内在的情感。

禅意绘画，最初是画者致力于表现禅理，强调直觉性和感悟性，并以此使绘画超越形象的描绘。这种绘画追求推动了中国绘画意识的发展，并且与文人绘画结合，对中国绘画观念的发展和转折起到了关键作用。

佛教绘画部共有三卷，分为《石窟壁画》《绢帛佛画》《经卷佛画》，各有其鲜明的特点。

石窟壁画是指画在石窟壁上的绘画。壁画是人类最为古老的一种绘画形式。中国佛教石窟壁画主要存在于西域地区，以佛像和佛教故事为主要题材，也包括对佛国之境的描绘，其中乐舞飞天的壁画穿越千年，给人以惊艳之感，成为当代众多艺术创作的灵感来源。石窟壁画大多受印度绘画人物造型的影响，又开始具有中原绘画的元素，成为中西艺术风格结合的最早范例。

绢帛佛画以敦煌藏经洞绢画为主，现多藏于英、法、俄、德等国的博物馆中，日、印、韩等国也有保存。这些绢画所画的形象不同，有佛、菩萨、罗汉、武士，以及供养人。从这些画中可看出中国绘画中线条之美的来龙去脉，中国绘画色彩的源与流。宗白华区分了中国艺术的错彩镂金之美与芙蓉出水之美，绢帛画大体属于错彩镂金一类。

经卷佛画，即佛经中的插图或附图，包括佛教经卷的卷首画（也称扉画）、随文插图、卷末的拖尾画。从制作技艺来看，经卷佛画分墨绘佛画和版画，雕版印刷繁盛时代出现了讲述各种佛经故事的版画。对经卷佛画的研究很有价值，但过去研究不多，本卷是对此研究领域的开拓。

佛教造像部的内容最为丰富，分《石窟造像》《地面寺院造像》《出土及传世造像》，还有一卷《造像经典与仪轨》。

《石窟造像》分上下两卷。上卷讲新疆和中原北方石窟，下卷讲南方和藏传佛教造像。将这些不同地域、不同时代所创作的造像放在一起来对比，可以清晰地看出这些造像的造型和艺术风格在文化交流中留下的痕迹和在时代变迁中造像的沿革。

地面寺院造像则呈现出多样性和变动性。遍布西域和中原大地的佛寺中的造像，以及在藏地的藏传佛教在佛寺中的造像，呈现出各自的地域特点；经过千年变化，又呈现出不同的时代特点。尽管佛像有“千佛一面”的说法，但不同地域、不同时代佛像的差别，仍鲜明地体现出来。

出土及传世造像可称为前两种佛教造像的补充。这些造像被发现和保存，具有极大的偶然性。它们不像石窟造像，可系统发掘；也不像现存寺院里的造像，原本就有完整布局，具有系统性。这种出土和传世造像相对零散，其系统性需要研究者构建。

《造像经典与仪轨》是很特别的一卷。该卷对佛教造像特点和主要菩萨、天王等形象的基本框架做了概述，还对佛教活动的空间、所用法器等做了叙述。

佛教建筑部共两卷，一卷讲伽蓝，一卷讲佛塔。《伽蓝建筑》一卷主要讲历代的中土佛寺以及藏传佛教的佛寺。正像欧洲历史上的建筑集中体现于教堂一样，佛教寺庙成为中国古代建筑的典范。本卷分朝代展示中国古代的寺庙，并对藏传佛教的寺庙做了专门的论述。

《佛塔建筑》一卷专门论述佛塔。塔的造型精美，是中国古代建筑精华所在。佛塔近可与寺庙组成一个整体，高耸的塔在建筑群中起画龙点睛的作用；远可装点河山，在自然山水中加上人工点缀。佛塔原本是瘗埋高僧圆寂后遗体和珍藏舍利的地方。它既是死亡之所，又是涅槃和超越之地。生死之事，永远是最大的事，这与僧人生活有了密切关联，也使塔有了人情、人性、理想等多种意味。

佛教美学和艺术的内容丰富多彩，包含各个艺术门类。除本套丛书所介绍的之外，还包括诗词、音乐、歌舞等。我们的想法是，在现阶段能做什么，就先做起来。希望这套典藏为更全面地研究中国佛教美学起奠基作用；也希望将来在此基础上，借助新媒体，使中国佛教美学的精华得到更为全面的展示。

在最初组织这一课题组之时，我们的计划是，从几个主要的佛教艺术门类中，选取最有代表性的作品，给予精要的说明，以形成佛教美学的一个总汇。其目的在于，将佛教美学的精华，在一个选本系列中汇总起来，将一些平时很难见到，只有专家才掌握的佛教艺术作品的图片，加以集中，配以解说，从而使这些作品受到人们的关注。佛教从两千多年前开始传入中国，带来了佛教美学和艺术，在中国大地上生根、开花，与中国原有的传统结合，再经过历代僧俗信众的传承和创新，形成了璀璨多彩的中国佛教文化，成为中华文化的一个组成部分，在世界文化史上也具有重要意义。在今天，加强佛教美学的学术研究，对佛教艺术的普及，让大众熟悉和了解佛教文化，对传承和弘扬中华优秀传统文化，都是一件功德无量的事。

记得第一次开编纂工作会，任务是明确大脉络的分工，确定各卷的主持人和基本研究队伍，划定各卷内容的边界。各位参编者的热情都很高。大家一方面认为，这件事很重要，编出的书会很宏伟壮观，成为一个大制作；另一方面也认为，这方面的书过去很少，有了一个好的立意，再加上选对了人，编起来不会费多大的劲，不过是将相关领域的专家集中起来，将原本就熟悉的材料以一个新的、对读者更具有亲和力的形式，重新组织一遍而已。

到了真正上手去做才发现其中的种种艰难。材料难找，解说不好写。历史事实考证清楚，解说内容正确，这是基本的要求。这方面的要求，说说容易，做起来就有难度。不仅如此，由于这套书冠名美学，在选材时体现美学视角，在解说中体现美学阐释就很重要，对于长期致力于事实考证的专家来说，这种工作也有一定的难度。在撰写过程中，有人畏难退缩，有人赶不上进度要求，但是，这样一个庞大的工程，开弓没有回头箭，再艰难也要做下去，并且要保质保量地完成。

在这几年的工作中，撰稿和编辑人员都付出了巨大的努力。他们不仅研读既有的书籍、史料和画册，还要遍访全国各地的代表性寺院。最使我感动的是，他们跋山涉水，带着沉重的拍摄器材，到现场拍摄。为了获得最佳的拍摄角度，课题组还购置了无人机，以便在人无法到达的角度进行拍摄。他们的努力，为这套书提供了大量精美的独家图片。

在此期间，课题组多次在北京开会；还远赴广东、山西等地，举行各种工作会议。每次会议都力求实效，解决编写过程中所出现的各种具体问题，包括工作分工、人员配备、文字质量、图片规格和要求、工作进度，以及编撰者与编辑如何相互配合以加快进度，等等。为了深化这套书的美学特色，我们还邀请了几位对中国古代美学有研究的学者对文字内容进行了审阅，提出了许多具体的修改意见。

现在，书稿终于付印了。感谢参加撰写《中国佛教美学典藏》的各位作者，各位均为对佛教美学和艺术有深厚研究基础的专家。他们不辞辛劳，集中精力，终于使这项巨大的工程得以完成。更令我们感动的是，著名佛门高僧尹佃法师自始至终参与我们的策划立项、内容框架研讨和后期编纂工作，多次参加编纂工作会议，提出重要意见。中国大百科全书出版社的郭银星和曾辉两位接力领导的编辑团队，对这项工作极为负责，在编辑出版过程中提供了周到而贴心的服务。本书是各位辛勤劳动的结晶。

佛教艺术和文化是中华美学的一个重要组成部分。中国佛教之美是先人留给我们的一笔宝贵遗产。同时，它又是在当代充满生命力的活的美学。我们带着对文化传统的虔敬之心来整理这份遗产，又以面向当代、面向世界、面向未来的态度，带着责任感和使命感，以激发传统在当代的生命力为目的，来审视并引领中国美学的辉煌未来。

总 论

“佛教美学典藏”，顾名思义，“佛教”自不待言，不仅是丝绸之路上古老的宗教，也是中华优秀传统文化的有机组成部分。“佛教美学”，特指关于佛教艺术的美学理论与审美价值判断。“典”指经典与典范，“藏”则指收藏与藏品。其中，“典”字值得认真研究，它决定了价值判断的准绳以及艺术收藏的标杆。

下面对“经典”展开讨论。“经典”，原是文学中的一个概念。在汉语中，“经典”中的“经”从“系”“坙”二字而来，按照《说文解字》段注的解释，“坙”乃川在地下之象，后来与“系”结合，才表示织物的纵线，并引申出“规范”“标准”等义。“典”原是册在架上的意思，指“五帝之书”，即所谓的“三坟五典”。“经”与“典”二者结合，经过漫长时间的演化，才有了“经典”的现代意义。在汉语文化域，“经典”一语大约从汉魏时期就开始使用了，主要用来指儒家典籍。譬如，《汉书》第七十七卷“孙宝传”中就使用了这一名词，是指先秦至当时的史书和典籍。后来“经典”的范围从儒家典籍扩大到宗教经籍，包括了佛道诸教的重要典籍。再后来，凡一切具有权威、能流传久远并包含真知灼见的典范之作都被人称为经典，《文心雕龙》的作者刘勰给经典下了一个明确的定义：“恒久之至道，不刊之鸿教。”

“经典”在国际学界的渊源要更为深厚复杂。经典源自古希腊语“kanon”，它的原意为“棍子”或“芦苇”，逐渐衍变成度量的工具，引申出“规则”“律条”等义。在希腊语成为东罗马帝国官方语言之后，该词专门指《圣经》或与《圣经》相关的各种正统的、记录了神圣真理的文本。英语的经典“canon”是从古希腊语经典“kanon”演变而来，大约18世纪之后，“canon”的使用范围逐渐超越了宗教而扩大到文化的各个领域，于是有了文学的经典（literary canon）。就文学经典而言，classic（意为古典）似乎是一个更为恰当的词，因为它没有 canon 那样浓厚的宗教意味。classic 源自拉丁文的 classicus，原意为“头等的”“极好的”“上乘的”，是古罗马税务官用来区别税收等级的一个术语。公元 2 世纪的罗马作家格列乌斯（Aulus Gellius）用它来区分作家的等级；到文艺复兴时期，人们开始较多地采用它来评价诗人、作家和文艺家，并引申为“出色的”“杰出的”“标准的”等义。以上对“经典”一词的历史溯源，是为了说明本丛书的特质——“关于佛教艺术具有强烈审美价值判断诉求的经典珍藏”；或者换句话说，此书的写作初衷是从审美判断视角出发，分析佛教艺术中具有历史美学关联性的经典，使读者对那些值得珍藏的审美典例有一个明确概念，以区别于目前市场上比比皆是的编年体、考古体、叙史体等佛教艺术图书。

佛教绘画是佛教艺术的重要组成部分，传道史上素来有“像教”之说，也就是“经书”与“佛像”在传道功能上等量齐观。对佛教美学造型的溯源，要归结到佛像的诞生地——印度河、阿姆河流域的巴克特里亚（Bactriana）、索格底亚那（Sogdiana），亦称为犍陀罗地区；它们原来属于波斯帝国的远东行省，具有深厚的历史文化积淀。从造型视角来看，佛像的诞生成长过程浸濡着希腊化文明的影响，因此，犍陀罗佛像可视为两个伟大文明——古印度和古希腊文明相遇的结晶产物，也是后来东传、南传佛教艺术的最早源头，我们将在后面继续叙述。

公元前 258 年，一代高僧大德目犍连子帝须受阿育王委托主持了佛教史上第三次结集，即“华氏城结集”，其最大成果是向世界各地派出 18 位传道师。英国著名人文学者史密斯评价“这是人文史上最伟大的事件”。传道师们以不惜生命的非凡勇气弘扬“佛法”，召唤人心，敬佛向善。随着传道师脚步的西去东来、南下北上，奇迹终于发生：18 位传道师之一摩诃勒弃多在巴克特里亚希腊王国进行了极为成功的传道，此地原是波斯帝国的东方行省，是祆教的大本营。摩诃勒弃多去宣教的时间，正是巴克特里亚太守狄奥多托斯宣布脱离塞琉古王朝，建立以“狄奥多托斯一世”为纪元的巴克特里亚希腊王国的转折时期。据史料记载，赤手空拳的摩诃勒弃多以信仰的真诚和传道的无畏一次次走上论法道场，与祆教僧侣进行论辩，赢得听众的欢呼，最后传道大获成功，共得 17 万信徒，1 万余人在宣讲过程中当场剃度为僧，以至于当时的巴克特里亚国王狄奥多托斯一世也被摩诃勒弃多所讲佛法感动，驱逐祆教而扶植佛教。对于希腊人来说，信仰便意味着建筑与造像，于是，波斯太阳神密特拉、希腊太阳神阿波罗与佛像“佛像背光”“澄明之境”“火中琉璃”的成像精神互为照应；就这样，佛教美学以“背光圣像”的形态为基础，在与各种文化的碰撞中不断完善成熟，形成后来的蔚为大观。

从佛像面容的造型来看，佛像之美与希腊雕像之美密切相关。德国美学家、艺术史家温克尔曼（Johann Joachim Winckelmann）曾评说希腊雕像是“高贵的单纯，静穆的伟大”，若再深入剖析，就可发现这种美妙的视觉感受也是与希腊造型三原则“心身至善”“体液平衡”“黄金比例”相共通的，就如同雅典阿克罗波利斯山顶的伊瑞克提翁神庙——四尊女像柱的酮体支撑起一座审美经典殿堂。细心的研究者还可发现，犍陀罗佛像虽渗透着希腊造型因素，但也并非是上述三个造型原则的简单翻版，而是有所改变，这种变化正是希腊化时代最鲜明的特征。我们看到，犍陀罗佛像艺术家们发展出一种不朽的感性形态——“垂睑颔首”。这一动姿将佛陀的悲悯情怀与希腊的高贵端庄糅合于一体，创造出人类艺术史上最初的圣像典范，其标志是佛陀－圣人背后的光轮。

自公元前 1 世纪的德米特里时代起始，巴克特里亚希腊王国皈依了佛教，佛陀“众生平等”“慈悲心肠”“救度苦难”的思想使希腊人深受感动，他们认识到：佛陀不仅是超过希腊世界所有神祇的圣人，而且是比阿胡拉·马兹达神、密特拉神等更为真实的圣人。可以想象，希腊的造型与佛陀的思想在希腊佛教徒那里发生了神奇的化学反应，一种崭新形象从他们心中喷薄而出，这个崭新形象就是佛像。在他们看来，佛陀的面部应具有希腊“数理明晰”的端庄，神情具有“心身至善”的宁静，身体被光环绕在后，象征佛陀慈悲救度精神的光辉永驻。

背光、光轮，折映出人类历史在公元前后时期思想的巨大动荡和裂变，其结果是圣像的诞生。圣像作为这一时期最重要的形象，它的出现一举改变了“国家王道史”的正统叙述，而进入“心灵信仰史”的层面。在图像学意义上，光轮作为圣像的决定性因素，超越了东西方的地域而成为圣者的标识。圣像将人类悠久的面具／图腾文化远远抛在身后，而进入道德理性的阶段，按照德国思想家卡尔·雅思贝尔斯（Karl Theodor Jaspers）轴心时代理论，“它象征着人类从童年期间迈向青年时代”，犍陀罗佛像可被视为这一巨大转折期的形象标志。

公元2世纪左右，以犍陀罗地区为起点，佛像向四周传播，向西北，它循着费尔干纳盆地进入伊朗高原，向其最初来路溯源而行；向东南，它跨过印度河与温迪亚山脉向恒河流域迈进；向东北，它越过兴都库什山脉的瓦罕走廊与葱岭古道、青藏高原的克什米尔与拉达克，经广袤西域与河西走廊而进入中土大地。当犍陀罗佛像与中国石刻传统相遇时，激发出东方美学的又一奇迹，佛像“拈花微笑”心境悄然转换为线性审美奇葩：“春蚕吐丝”与“高古游丝”，“湿水衣褶”与“曹衣出水”，“薄衣透体”与“屈铁盘丝”，“行云流水”与“吴带当风”……

公元412年，一代高僧法显取海路从天竺归来，漂泊至青州崂山上岸时被猎户搭救，八十高龄老人双手紧护三件东西——佛经、佛像与《龙华图》，这一事件深具意义，象征着造像在信仰领域的滥觞。法显千辛万苦带到中土的佛像，正是笈多时代的马图腊佛像，它是印度传统的“仿生造型”“管状肢体”“三道弯式”的协奏加变奏，虽然受到希腊式造型准则的约束，但仍然带有印度本土艺术原始性力的痕迹。雕刻工匠们将犍陀罗古典佛像中的男性形象改造为中性形象，笈多时代的佛像更多具有女性特征，这是通过独特的肢体造型和衣纹处理来暗示的；“湿水衣褶”式的半透明袈裟从双肩至胯间垂下数道平行的U形纹，它纤细如丝，犹如睡莲池中被微风吹拂起的层层涟漪。以上这些要素在佛像东传的过程中，被一位来自中亚曹国的天才艺术家曹仲达加以想象与发挥，创造出“曹衣出水”的伟大样式。魏晋的“褒衣博带”经典风格与“曹衣出水”的美学价值相映生辉，架构起一座印度“立体雕刻”向中土“平面书写”绘画艺术语言转换的桥梁。

齐高佛像之横空出世，恰恰是中印度佛像风格对中原佛像的反哺，同时也是对早期主导性犍陀罗风格的某种校正；因为追根究底，希腊式“数理的明晰”，并非远东诸民族的气质所在。随之，马图腊中印度的“管状肢体”风格与两汉魏晋的“混沌圆融”风格两相结合，生成以浑圆为基础、以线性为表征的中土佛像/佛画的新型风格。这种风格在隋唐、五代时期完成了本土的转移过程，为两宋时期佛画的繁盛奠定了基础。两宋佛画，特别是南宋佛画达到一个美学高峰，令人略感酸楚的是，它主要由海外藏品来印证。当隋唐时代宏伟壮丽的寺观佛教壁画毁于战火时，绢帛佛画反而得以存活，它们因轻盈柔韧的材质而便于携带流转。

尤其是那些诚心虔敬学习的邻邦僧人，为这些佛画作品远渡大洋流传后世付出了极多辛苦。在造型方面，两宋绢帛佛画的风格特点，一眼望去似乎并不突出，甚至有某种程式化的取向；但细细品味，这种程式化并不简单，其中渗透着“澄怀观道”的禅意与“古拙愁眉”的趣味，再加上一丝不苟的细节，最后形成一种十分复杂的风格。在技法方面，绢帛佛画将起始于唐代大小李将军的工笔重彩画法进行了发挥，尤其是在以晕染技法表现光影明暗、空间距离感方面，达到了一个玄妙境界，与古印度钵陀布画、苯教卷轴画、波斯细密画、君士坦丁堡的坦培拉技法、达・芬奇的晕涂法有异曲同工之妙。许多佛画中体现的高超晕染技法与拜占庭圣像画的宗教神秘感类似，但更为曼妙与悠远，创造了一个具有中国农耕文明特色的经典样式。要真正弄清个中究竟，显然会遇到一系列历史缄默的铁锁符码，它们应该与海上丝绸之路——即从东南亚—南亚—西亚—地中海多种文化域的多维度交流有关联，犹如南海一号沉船的奥秘，尚待进一步探险发掘。

现存东京国立博物馆的《玄奘像》，画家描绘的是身负塞满典籍的竹笈、缚着绑腿、脚踏草鞋的玄奘形象。他服装行头的上部盖有大型的圆形笠，香炉从此处垂下，脖子上戴着骷髅串成的项链，腰上配刀，右手执拂尘，左手持经卷，举步向前。背景是绵延的崇山峻岭，象征性地表现出玄奘为求法从中国越过中亚沙漠抵达印度的艰难之旅。在技法方面，人物的眼鼻及口唇处刻画细微、栩栩如生，肌肤部分的轮廓线条采用柔和的褐色，沿着线条施敷同色系的淡暖色，由多层晕染技法衬托出肌肤的立体感。衣服及背笈等部分则采用绿、群青、褐色等冷色系的色彩，用白色的薄透色彩图案，配以深入的细节刻画，形成一种经典风格。这类绢帛佛画代表了宋元时期制作于中国宁波，再舶至日本的系列佛画通常样式。

一方面，中土的石窟寺观佛教壁画、绢帛纸本佛像作为印度犍陀罗佛像的平面化转移，标志着佛像从崇高庄严到优美飘逸的过渡，比较符合中国文化的审美理想；另一方面，中土的道家有羽化升仙意识，借助灵魂升腾之力而化为悬浮于苍宇间的优美线条，并以飞天徜徉的视角俯瞰现世大地。这种灵魂姿态便是中土佛像美学价值所在。支撑中土佛画本体的绘画要素是线性，和它同行的是书法与篆刻。中国本土的书法、篆刻成功地将佛陀实体造型转变为线的审美形象，由此形成中土佛像景观。

从佛像的物质材料与绘制技艺的角度来看，无论是五彩斑斓的重彩佛画，还是黑白单纯的水墨僧画，都囊括了东方绘画艺术的所有要素——点、线、面，晕涂皴法、水墨渲染，画家们以丰富多彩的手法描绘了修身者、修禅者、舍身者、发宏愿者，以及各种菩萨与罗汉的形象。在绢帛重彩的佛像方面，较为完整的物质传承是被称为“唐卡”的佛画类型，它与西藏白居寺壁画中类似坦培拉胶性壁画技巧有着亲缘关系，严谨的图式与工整的描绘是其显著特点。佛像画家们从兴都库什南麓到葱岭北麓，从石窟墙壁到精织帛绢，从粗粝彩绘到柔韧纸本，佛画立足于由中国农耕文明导出的材质美学庙宇，而铺陈出一片五彩缤纷的世界。

总体来看，佛像的风格演变仿佛高山流水，初期汹涌澎湃，盛期美妙绝伦，至近现代渐趋疲软，最终在迟缓流动中扩散于中原大地，精华绵延。如今我们将佛像的美学价值置于“一带一路”的历史文化视野中予以审视，不仅是为了澄清诸多因视野狭窄而造成的判断评价误区，更是为了在“东方文艺复兴”理念所勾画的愿景中，再度复兴中土佛像艺术的昔日辉煌。

2023年4月

这种典型的“垂睑颔首”菩萨造型，是犍陀罗佛像美学价值的集中体现，它历经时空洗礼，仍然渗透在中土绢帛佛像的造型意识深处

目 录

图片目录

绪论

第一章
相好庄严 尊像壁画

阿修罗变相图 西魏 莫高窟第249窟

第二章
苦难崇高 佛教故事壁画

第三章
神异感通 石窟中的感通壁画

第四章
佛国之境 经变壁画

第五章

乐神舞韵 壁画中的乐舞飞天

第六章

交相辉映 石窟里的装饰艺术

第七章

人间之景 壁画中的民俗生活

中国
佛教美学
典藏

中国有着悠久的历史和深厚的文化积淀。在印度佛教传入之前，中国美学的意识已然发生、发展，那些土生土长的原始审美意识、理念，属于中国美学的早期学术形态。中华文化、哲学、艺术以及审美意识、理念与思想等，作为历史与人文的内因，为中国佛教美学的诞生、发展与建构，准备了丰厚的土壤，打上了历史与文化的烙印。[①] 中国的佛教艺术源自印度。印度佛教在东传中国的过程中，不断地与以儒家、道家文化为主导的汉民族文化相互吸收、融合，最终形成了中国式的佛教艺术。在这个漫长的演进过程中，不同时期、不同地域的佛教艺术样式及风格，都呈现不同的面貌。其实，印度佛教传入的初期，也曾受到中国本土思想的对抗，但正是这种对抗促进了融合，推进了中国美学的历史建构和进程。

石窟是佛教艺术最重要的载体之一。从古印度开始，注重修行的佛教徒就在远离城市的山中凿窟修行、礼拜。石窟本身也是一种建筑艺术，其形制与文化渊源、时代风尚、地域特征息息相关。根据形制和使用性质，石窟大体上可以分为僧人生活用窟和进行宗教活动用窟两大类。前一类以僧人起居生活为主，不塑绘佛像及壁画。后一类包括中心柱窟、方形窟和大像窟，均精心绘制壁画、塑造佛像。佛教石窟艺术在中国发展了千余年，留下了大量遗迹，成为中国文化的重要遗产。这些佛教石窟艺术遗迹，因时代的不同，以及地理位置及地质结构的特殊性，形成了各自的风格面貌，可从中清晰地梳理出其发展演变及相互影响的脉络。

深受古希腊古罗马艺术影响的犍陀罗艺术对巴基斯坦以北的中亚大部分地区及中国西部一些地区（西域）的佛教艺术风格产生了重要影响。由于土质松软，这一地区多以塑绘结合的形式呈现佛教文化，几乎没有石刻艺术留存。自中亚最著名的阿富汗巴米扬石窟，向东进入中国西部新疆的龟兹、吐峪沟、柏孜克里克等石窟群，再向东进入甘肃的敦煌、文殊山、天梯山、炳灵寺及麦积山等石窟，都是以泥塑造像和壁画为主。而

① 王振复：《汉魏两晋南北朝佛教美学史》，北京大学出版社，2018 年，第 1 页。

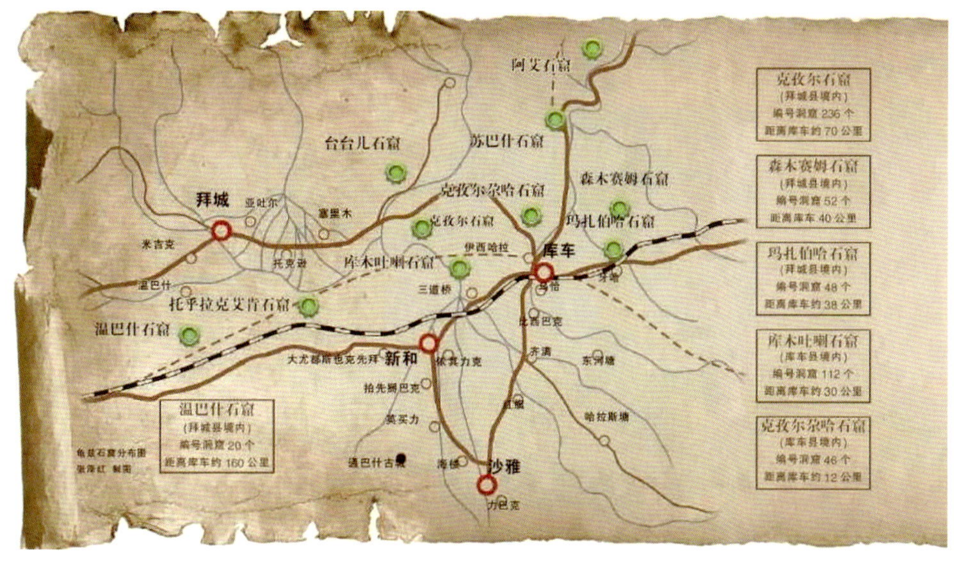

图 0–1　龟兹地区主要石窟遗址

（选自《中国石窟·克孜尔石窟》第一卷）

在中国北方，石窟主要是以雕刻为主。如北魏早期开始在平城开凿的云冈石窟，北魏迁都洛阳后在洛阳开凿的龙门石窟及同期开凿的巩县石窟，北齐时期在邺城开凿的响堂山石窟、太原的天龙山石窟及安阳的小南海石窟。这些地区由于其石质坚硬，又在一定时期作为都城或陪都，汇聚了全国佛教艺术高手，在石窟的开凿和佛像的雕刻方面创造了一个个时代典范。

壁画艺术是人类历史上最早的绘画形式。相传中国早在周朝，就有图绘于壁褒赏功德的绘画形式。及至汉代，出现了更多绘于宫殿建筑的壁画。如汉宣帝曾将十一位功勋卓著的大将形象画于麒麟阁；汉光武帝也曾在凌烟阁上绘二十八将肖像；“为人君者，驱驾英才，推心待士”的唐太宗，为纪念当初一同打天下的诸多功臣，命阎立本在凌烟阁内描绘《二十四功臣图》。而在同时期的诸多佛教石窟中，也以壁画形式把哲理深奥、神秘抽象、枯燥乏味的佛教经典史迹，用通俗易懂、生动有趣的故事与形象灌输给人民大众，启发、感召、引导他们笃信礼拜佛陀。

首先是龟兹地区，位于塔克拉玛干沙漠北道，包括今天的拜城、库车、新和、沙雅四县，作为丝绸之路的交通枢纽，不仅促进了东西方物质交流，在文化传播上也做出了巨大贡献，并形成了独具特色的佛教石窟艺术。遗存至今的石窟主要有：东部的森木塞姆、玛扎伯哈、库木吐喇、克孜尔尕哈石窟（一作克孜喀拉罕石窟），西北方的克孜尔石窟，西部的托乎拉克艾肯石窟，以及东北部天山克孜利亚峡谷的阿艾石窟（图0-1）。[①] 这些石窟中的壁画艺术是龟兹文化的最主要遗存，其绘制年代主要集中在魏晋南北朝至唐朝这一阶段。

被称为“佛教故事宝库”的克孜尔石窟，又称克孜尔千佛洞，位于拜城县城东北克孜尔乡由木札提河冲刷而成的断崖处。现有洞窟236个，留存的佛教艺术以4—8世纪的石窟彩绘壁画为主，内容主要是佛教本生、因缘和佛传故事，[②] 多绘于石窟券顶的菱形格内，这也是克孜尔石窟壁画最重要的艺术特征。窟内中心方柱的纵券顶通常被分成中脊和左、右共三个部分，中脊一般绘制一排天象图，两侧绘满色彩艳丽的四方连续的菱形格纹，每一格内都绘制一幅独立的佛传故事或因缘故事画，富有极强的装饰意味。这些菱形格并无确切的指代意义，学界多数意见认为是佛教圣山须弥山的变体。克孜尔石窟的壁面也常绘制复杂的单幅故事画，画工巧妙地将众多情节融于一铺画面，形象生动、布局精巧，构成了克孜尔石窟壁画的另一特色。龟兹壁画也是以线造型，但其线条不同于中原画风的“高古游丝描”，而是紧劲有力的“屈铁盘丝”；其晕染也较为浓重，表现出极富立体感的异域风格。

位于库车县城西南30千米处的库木吐喇石窟群，又称库木吐喇千佛洞，分为沟口区和大沟区，已有编号的洞窟共有112个，其中既有5—6世纪龟兹风格的壁画，又有唐代在此建立安西大都护府后出现的汉风壁画，之后还出现了回鹘风格的艺术，它们相辅相融，让我们可直观地看到不同民族人物形象的风貌及多民族文化交流、友好相处的史实。在部分时期，我们也可以看到在壁画题材、构图形式、装饰纹样及绘画技法

① 贾应逸、祁小山：《佛教东传中国》，上海古籍出版社，2006年，第75页。

② 据2000年出版的《克孜尔石窟内容总录》整理，克孜尔石窟中共有57个本生故事、54个因缘故事、40个佛传故事，另外还有部分漫漶不清或难以辨识。

上与敦煌石窟有一定相似之处，即汉风壁画艺术向西回传的轨迹。

其次是吐鲁番盆地（史称高昌），位于天山南麓。横卧于盆地中的火焰山由东向西有吐峪沟、木头沟、葡萄沟、桃儿沟、雅尔乃孜沟等多条沟谷，这些沟谷里溪水长流、绿荫蔽日，成为僧侣们开窟建寺、潜心修行的好地方，并由此留下了众多石窟寺遗迹。历史上的高昌地处丝绸之路要冲，华夏文明、印度文明、波斯及阿拉伯文明、古希腊及古罗马文明在此交汇积淀，形成了兼收并蓄、独具特色的高昌佛教艺术。关于高昌石窟艺术的分期，一般是根据石窟形制、供养人形象、文字题记、壁画题材及艺术风格等资料，再结合参考碳-14测年的数据进行断代。[①] 吐峪沟石窟是最早开凿的洞窟，古称“丁谷窟”，[②] 建于十六国至高昌回鹘时期，现存40多个洞窟，其中有壁画的洞窟十几个。早期画风较为粗犷，色彩单纯，造型简单，如第42窟的禅观图，着绿色袈裟、枯瘦如柴的比丘正观望一座楼阁式火宅，象征比丘正坐禅修道，离弃痛苦、无常的现实世界，具有典型的北凉风格。之后的许多壁画与同期敦煌莫高窟壁画的风格较为接近。如第41窟窟顶的立佛像，皆披赭色右袒袈裟，手持各种印契，体态婀娜，左侧两身面部及胯部向右，右侧两身面部及胯部向左，袈裟薄衣贴体，表现出健硕的体魄，整幅画面既对称平衡又充满韵律感。

高昌回鹘时期的石窟遗存最为丰富，这一时期最为精彩的壁画多绘制于柏孜克里克石窟。它位于火焰山木头沟西岸，距离高昌故城约10千米，现存编号洞窟83个，有壁画的40多个，壁画总面积约1200平方米，其中大部分是高昌回鹘时期遗存，多数壁画历经不同时期的重修重绘，保留有明显的二次绘画痕迹。柏孜克里克石窟壁画中最具特色的是以大型立佛为中心的佛本行经变画，约15种，描绘于14个洞窟的侧壁，共有70多铺，面积近400平方米。这些经变画的中央为身披红色袈

① 编辑委员会：《中国新疆壁画艺术·第六卷·柏孜克里克石窟》，新疆美术摄影出版社，2009年，第4页。

② 据敦煌石窟发现的唐代文献《西州图经》记载，“丁谷窟有寺一所，并有禅院一所……”。

裟，身材高大的立佛，佩戴各种璎珞臂钏，手施各种印记，足穿草鞋，踏于莲花之上，周围有天部、金刚、菩萨、比丘、国王、童子等人物形象，还会根据题材内容加入背景和道具，如城池、宫殿、寺院、塔庙等。一幅画面表现一个故事，一个个画面连续地呈现于壁面，中间以花纹图案相间。其中以第20窟最具代表性，也最为精美。例如《佛本行经变·发心供养品》，在画面下方左右对称地绘制了合掌蹲跪的着铠甲国王，右边有比丘正为国王剃度，表现的应该是同一国王剃度前后的场景。①

高昌是一个中西文化交汇的地区，大乘与小乘佛教思想并存，显教与密教图像同窟，甚至出现了摩尼教与佛教图像同时出现的场景，从而形成了其壁画艺术的精彩之处。从地理位置来看，高昌是西域佛教艺术与中原文化交流的中转站，佛教艺术在这里得到了很好的融合。但高昌艺术又具有其独具特色之处，在这里没有龟兹壁画中的菱形格，没有中原汉风影响下的“秀骨清像”，也没有敦煌石窟北朝时期较为流行的人字披窟顶。

第三是河西和陇东地区。河西和陇东是中原向西行至新疆、中亚的咽喉和必经之路，是丝绸之路的枢纽，如隋代裴矩所说：“总凑敦煌，是其咽喉之地。”② 该区域留存至今的石窟主要有河西走廊最西端的敦煌石窟群，肃南的文殊山石窟，永靖的炳灵寺石窟，以及天水的麦积山石窟。它们以中原汉晋文化传统为根基，汲取印度外来文化艺术精髓，在中外文化的交流碰撞中，在此起彼伏的朝代更迭中，创造出规模宏大、数量众多、绘刻精美的佛教艺术精品，在建筑、雕塑及壁画艺术方面，为我们留下了珍贵的文化遗产和艺术遗迹。

敦煌石窟始建于前秦的建元二年（366），历经千年，时有凿绘，但以南北朝至唐时期最为兴盛，最终形成了一处最为壮观的石窟群，留存了最为伟大的文化艺术遗产，映射了1000年来中国艺术发展的风格演变脉络，成为我们研究这一阶段佛教

① 《佛本行集经·发心供养品》说，释迦作转轮法王时，曾“供养一万八千诸佛”，“然后出家”，画面表现的正是此场景。
② 《隋书·列传第三十二·裴矩》。

史、文化史、艺术史不可或缺的宝贵资料。敦煌地接西域，深受佛教影响，东晋以后便高僧辈出，《高僧传》中时有记载，众多很有声望的高僧从西域前来敦煌建寺传教，宣扬佛法，由此带来了佛教石窟凿建的兴盛。

敦煌石窟包括今敦煌市的莫高窟、西千佛洞，瓜州县境内的榆林窟、东千佛洞，以及肃北县境内的五个庙石窟。我们先简单介绍一下这几个石窟群，然后再统一梳理其壁画艺术的风格演变过程。

位于敦煌市东南25千米宕泉河畔的莫高窟，也称千佛洞。据文献及碑文记载，前秦的乐僔和尚在三危山上凿建了第一座石窟，另一位高僧法良在旁边开凿了第二座洞窟，至唐代已达1000多座，至今留存洞窟700多座，彩塑2000多身，壁画45000平方米。由于在石质松软的沙砾岩上开凿，满壁精彩的壁画就成为表现佛教内容最重要的手段，其题材丰富多彩、绘画手法各异，主要有佛像画、佛教故事画、经变画、感通画、民俗人物画及运用于不同位置、异常精美的装饰纹样等。

西千佛洞因地处古敦煌城西得名，现存洞窟22座，彩塑34身，壁画800余平方米，风格、题材与同时期莫高窟较为一致。

榆林窟位于瓜州县南部的榆林河畔，也称万佛峡，现存洞窟42座，最早的建于唐代前期，唐代、五代、宋及西夏时期都开凿了艺术水平较高的洞窟，其中最为精彩的有吐蕃统治时期所凿建的，代表唐代壁画最高水平的第25窟，代表西夏时期受中原绘画风格影响的第2、3两窟。

东千佛洞位于瓜州县城东南90千米处，又名接引寺。现存洞窟23座，其中尚存塑像、壁画的洞窟有5座，其现存的壁画多为佛教密宗题材，绘制精美，中原画风浓郁。

肃北蒙古族自治县西北的五个庙石窟虽然也开凿于北朝，但因这一带的气候过于温润，多数石窟已被掩埋。带壁画的石窟仅有6座，而且都是北宋到西夏时期重绘的，内容也是显、密杂陈。

敦煌石窟的营建及其壁画艺术的发展主要集中于北凉、北魏、西魏、北周、隋、唐、五代、宋、回鹘、西夏、元这几个朝代，我们从艺术史的发展角度，根据其壁画艺术风格的变迁简单归纳为3个阶段。[①]

北朝时期是敦煌艺术发展的初期。北凉北魏时期，在西域艺术的影响下，敦煌石窟壁画中的尊像画呈现明显的西域风格，比例匀称，菩萨身体多呈“S”形弯曲，上身半裸，下身着裙，有典型的印度特征；故事画则借鉴了许多克孜尔石窟壁画中的人物形象及动态。如莫高窟第254窟的“萨埵太子本生”故事画，画面右侧有萨埵纵身跳崖和舍身饲虎两个场景，与克孜尔第38窟菱格画中的“萨埵舍身饲虎”非常相似。[②] 在用线及用色上，追求一定的凹凸晕染之法，与印度阿旃陀石窟壁画中人物的晕染方法有相似之处。但横卷式故事画还是具有明显的中原绘画的构图特征，与中原的墓室壁画及后世临摹的《女史箴图》《列女仁智图》，在构图形式上有异曲同工之妙。

西魏时期的敦煌石窟壁画深受中原汉风影响，开始出现身材修长、眉目清秀、衣裙飘举的秀骨清像造型风格，也出现了众多龙凤、饕餮、垂幔及流苏等典型的中国传统纹样。同时，在画面中还出现了众多表现山林空间的景象，这既是来源于南朝士人寄情山水的情怀，也是道家思想在壁画中的浸入。在题材内容上，不仅有许多中国古老的神话、神仙，还有饱含儒家“忠孝”思想的故事，如须阇提本生、睒子本生等，这说明佛教艺术在中国传播的过程中，开始与中国传统的儒、道、释思想进行妥协，努力适应中国的社会现实。

西魏及北周政权比较重视与西域的政治、文化联系，中外经济文化的交流再次畅通，西域特色的造型也再次出现于敦煌壁画之中。人物形象变得浑圆饱满，比例适中，色彩晕染更加厚重。北齐画家曹仲达具有印度笈多风格的绘画手法，被称为“曹衣出水”，南朝画家张僧繇也受西域“凹凸画法”的影响，在绘画中加强了表现体积感的晕染技巧，他们的佛画粉本被称

① 赵声良：《敦煌石窟艺术简史》，中国青年出版社，2015年，第29页。
② 樊锦诗、马世长：《莫高窟北朝洞窟本生、因缘故事画补考》，《敦煌研究》，1986年第1期，第27–38页。

为“曹家样”和“张家样”，对敦煌壁画风格的发展演变产生了巨大的影响。

敦煌壁画中的故事画主要分为4种形式。其一是单幅画，表现内容及手法都类似于克孜尔菱形格内的佛教故事画，但画面内容及铺面大小在不断地丰富和增添，后发展为一图多景，即将多个分支情节绘于一图，所谓“异时同时空构图形式”。其二是长卷式连环画，以讲故事的形式为观者娓娓道来，这正是中原新风带来的影响。北周时期，是故事画发展的最高峰，除了绘于洞窟侧壁，还经常以长卷式绘于窟顶一周，以树木建筑分隔场面，每个场面表现一个情节，既相对独立又紧凑连贯，形成了上下起伏的节奏韵律，具有极强的装饰意味。现存19幅北周时期的故事画，所占铺面超越了其他任何一个时期。其三是唐代石窟中出现的佛教史迹故事画。其以全景式构图，在绵延不断的青绿山水中将故事的不同场景呈现，山水透视与人物活动巧妙穿插、结合，犹如一幅幅空间深远的山水画。其四是唐代后期出现的与规模宏大的经变画相结合的屏风式故事画。其外在形式严密规整，情节布局灵活、生动，成为五代、宋时依旧流行的故事画形式。

唐代是敦煌艺术的发展高峰。最具特色的是从北朝说法图发展演变而来的大型经变画。在洞窟的南北两壁及东壁，整壁皆绘制有经变画，如表现西方净土变中的无量寿经变、阿弥陀经变和观无量寿经变等。它们在构图形式上有一定差异，表现东方琉璃光世界的药师经变早期为药师七佛中心的表现形式，盛唐后与观无量寿经变类似，中央是辉煌华丽的净土世界，两侧以条幅形式画出“九横死”和“十二大愿”；弥勒经变在唐代以后往往把《弥勒上生经》与《弥勒下生经》合起来，以“弥勒三会”为中心铺陈画面，表现法会内容及弥勒世界夜不闭户、路不拾遗、一种七收、树上生衣等理想社会的场景。随着《法华经》在唐代的流行，很多洞窟都绘制了内容丰富的法华经变，包括序品、见宝塔品、观音普门品、药草喻品、譬喻品和信解品等，并开始将《法华经·观音普门品》单独抽出来，绘制了观音经变，描绘观音菩萨救苦救难和三十三现身的场面，真实地呈现了在古代丝绸之路上经商谋生时惊险、艰难的生活现实；另外还有形式内容较为固定的维摩诘经变和涅槃经变。在唐代后期又出现了报恩经变、天请问经变、金刚经变、金光明经变、楞伽经变、思益梵天请问经变、华严经变、劳度叉斗圣变等，而且还出现了一些密宗题材的经变画，如榆林窟第 25 窟的八大菩萨曼荼罗、如意轮观音、千手千眼观音、千手千钵文殊等。[①]

酒泉市肃州区南 15 千米的文殊山石窟，大约始建于十六国、北朝时期，兴盛期却在唐代。现存窟龛 100 多个，其中有早期中心柱窟 8 座，禅窟 1 座，窟前寺院遗址 28 处。留存壁画的仅有前山的千佛洞、万佛洞及后山的千佛洞、万佛洞，均为穹窿顶、平面近方形的中心柱窟。前山石窟的壁画多采用中原画风，后山石窟的壁画多采用西域晕染画法，强调色彩的明暗对比和人物形象的立体效果，与吐峪沟石窟壁画较为类似。

炳灵寺石窟，位于甘肃永靖县西南约 40 千米处的积石山崖壁上，正式凿建于西秦建弘元年（420），[②] 历经北魏、北周、隋、唐、西夏、元、明，现存窟龛 216 个，造像近 800 身，壁画面积约 1000 平方米，分布在大寺沟西岸长约 200 米，高 60 米的崖面上。壁画题材主要是经变画及说法图，技法主要是以中原传统绘画技法为主，在 169 窟的壁画中，可以看到与东晋画家顾恺之《女史箴图》中妇女形象极为相似的女供养人，壁画用细劲有力的线条表现云鬟叉髻、帔巾飘带、盛装打扮的妇女形象。隋、唐的壁画，由于元、明以来密宗画的覆盖重绘，保存不多。但壁画绘画技法仍然继承了唐宋传统。炳灵寺壁画保存至今的数量虽然不多，却能够清晰映射这一地域人民的社会风貌及音乐舞蹈等艺术特色，这也是炳灵寺壁画的历史价值所在。

麦积山位于甘肃省天水市东南 45 千米处的麦积区，大约始建于十六国时期，至隋唐时期均有开凿，现有编号洞窟 221 座、造像 7000 余身，壁画 1000 余平方米，以其大量精美的北

① 赵声良：《敦煌石窟艺术简史》，中国青年出版社，2015 年，第 183 页。
② 第 169 窟内有西秦建弘元年（420）的墨书题记，是目前国内发现最早的壁画题记。

朝泥塑艺术被誉为“东方雕塑馆”。石窟曾绘制有满壁精美的壁画，但由于此地多雨潮湿，壁画大多剥落。残留有绘制于北朝时期、艺术史上最早的西方净土变、涅槃变、地狱变，以及睒子本生、萨埵太子本生等故事画，壁画中还精心地描绘了城池、殿宇、车骑和衣冠服饰等具有中原汉文化的场景，尤其是多彩多姿的飞天，更具有中原特色。

中国连续一千多年的佛教石窟凿建史，为我们留存下来无数风格各异、精美绝伦的壁画艺术作品。它们是特定历史时期文化艺术的“活化石”，是佛教美学、艺术美学重要的组成部分。在西域文化和中原文化的数次冲击中，中国的石窟壁画艺术被打上了多种文化的烙印，逐渐呈现出符合时代特征、和谐圆融的理想图式和本土性特征。正如宗白华先生的理解，敦煌艺术里不经意流泻出来的意味，“幽深而深厚”，完全是“出自古人的原始感觉和内心的迸发，浑朴而天真。而西洋新派画家是在追寻着失去的天国，是有意识地回到原始意味”。[①]

立于石窟之内，我们抬头仰望这些绚烂夺目的穹顶藻井、鳞次栉比的菱形格纹、华美庄严的净土世界、异彩纷呈的飞天乐舞，不由感慨这些画师是如何为我们营造出如此神圣崇高又绚烂夺目的奇妙美景的。佛教世界看似与俗世不同，但在这里却与我们生活的场景融合得那么贴切而自然，浑然一体、如临其境。由此我们也可以体悟到：佛教艺术的美虽源自理想，却落入现实；虽神圣崇高，却也充满温情；哪里有多元文化的交流，哪里就有宽容精神和胸怀；哪里有精神的充盈，哪里就有艺术的性灵；哪里有佛光的映照，哪里就有人生境界的升华。

① 宗白华：《略谈敦煌艺术的意义和价值》，《观察》，1948 年第 5 卷第 4 期。

中国
佛教美学
典藏

第一章

相好庄严

尊像壁画

尊像画即主尊佛像画，指以佛、菩萨、弟子、诸天护法等形象为主要内容或占据中心位置的图像，例如说法图。它们在石窟壁画中具有重要的地位，是石窟艺术中出现最早、延续时间最长、数量最多的题材。尊像壁画形式统一、内容简约，既能独立成幅，又可以与其他题材的壁画关联呼应，共同构筑丰富多彩、神圣庄严的佛国世界。

早期的佛教艺术中没有佛像和菩萨像，仅用一些菩提树、法轮、台座、足印等象征物来代表佛陀，人物形象多为护法。直至公元1世纪后半叶，犍陀罗和秣菟罗艺术中方出现佛的形象。在佛教东传的过程中，连接丝绸之路的中亚地区成了佛教艺术传播与扩展的中心，同时也是东西方文化交汇的中心。佛教和佛像最初传入中国的时间众说纷纭，[①] 我们无从确定。但佛教石窟大量开始营建，佛像开始在中国流行的时间是十六国和北朝时期。融合了中国很多传统信仰元素的佛教，以它超强的适应性和包容性，把抽象、晦涩的宗教哲理，演绎成具有象征意义的寓言故事，以真实可触的形象吸引了无数信众的膜拜。众多少数民族区域的政权及中原政权，看到了佛教文化的强大力量，也选择以佛教治国，由此，既带来了从西到东佛教石窟的大量开凿，也带来了中外文化的交融与碰撞。

无论是地处丝绸之路要道的龟兹地区与吐鲁番地区，前者如克孜尔、库木吐喇、克孜尔尕哈、森木塞姆石窟，后者如柏孜克里克、吐峪沟、胜金口、雅尔湖等石窟，还是地处浩瀚沙漠边缘的甘肃石窟群，如敦煌、炳灵寺、麦积山、文殊山、天梯山等石窟，都创作了大量独具特色的佛教壁画，而其中的尊像画更是将不同时期、不同地域的人物画风格和艺术水平展现得淋漓尽致。

---

① 史称东汉明帝永平年间，即公元58—75年，蔡愔自天竺带回经卷及佛像，并有天竺僧人迦叶摩腾、竺法兰二人随物东来，建白马寺作为供佛之所。在汉末还有“铸金佛”，设浮屠祠供人祭祀等。敦煌研究院编：《敦煌石窟全集·尊像画卷》，香港商务印书馆，2002年。

第一节

佛陀尊像

佛陀形象的塑造是佛教艺术最重要的表现内容。佛教有时也被称作“像教”。不同时期的石窟，根据当时流行的佛经，有不同的佛陀题材，如释迦牟尼佛、阿弥陀佛、药师佛、弥勒佛、三世佛和十方诸佛。

一、释迦牟尼佛

释迦牟尼是释迦族的圣人。释迦族为古印度的刹帝利种姓。释迦牟尼的母亲家族姓乔达摩，他自己名悉达多，公元前560年诞生于北印度的迦毗罗卫城，为国王净饭王的长子，母亲摩耶夫人在其出生不久就离世了，其姨母将其抚养成人。他16岁时迎娶王妃，并生一子名罗睺罗。但他无法适应宫廷生活，在29岁时选择出家成为修行者，经过6年修炼未曾开悟，后在菩提树下沉思49天，终于开悟成为觉者，即佛陀。而后，佛陀前往波罗奈斯城的鹿野苑，教化旧日对他有恩益的5位修行者，使他们成为他的第一批弟子，随后游历各地，教化众生。佛陀80岁入灭涅槃。

在中国石窟早期的壁画中，描写释迦牟尼本生及本行的故事画占很大一部分。而描绘释迦生涯的造像也占很大比重，以表现释迦生涯的四相和八相题材最为盛行，其中又以说法图最为精彩。

北朝时期的释迦说法图，多绘于洞窟南、北壁前部人字披下的空间和后部的千佛图像中间。如莫高窟北魏第251窟北壁

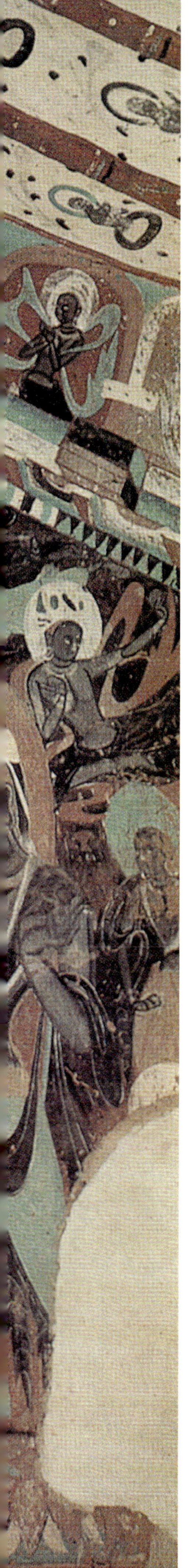

东侧的释迦说法图（图 1–1），绘于人字披下的山形空间，是一佛、二胁侍菩萨、四供养菩萨、四飞天的组合，华盖之上，有天宫伎乐在栏墙上载歌载舞。画面主尊为释迦牟尼佛，着右袒式僧衣，有披巾覆于右肩，右手施无畏印，左手握袈裟，结跏趺坐于莲台之上，身后为舟形头光和身光，其外侧有火焰纹包裹。两侧的胁侍菩萨，头戴三珠冠，上身裸露，下身着裙，有披巾在胸前交叉，低首倾听。四飞天体态轻盈、飘带飞扬。整铺壁画从人物形象到服饰及色彩均为典型的西域式，呈现和龟兹石窟壁画较为一致的风格。

由于大乘佛教的盛行，石窟壁面的千佛图像逐渐增多。隋代的释迦说法图，多绘于洞窟

左：图 1–1　释迦说法图 北魏 莫高窟第 251 窟 北壁东侧

右：图 1–2　大红袈裟释迦说法图 隋 莫高窟第 301 窟 南壁

图 1–3　大型说法图 西魏 莫高窟第 285 窟 东壁门南北两侧

南、北壁的千佛图像中央和东壁门两侧壁上。与北朝时期相比，画幅的尺寸逐渐缩小，人物形象及服饰也更加中原化。例如莫高窟隋代第 301 窟南壁，绘制一铺大红袈裟释迦说法图（图 1–2），具有典型的中原风格。释迦佛面相丰圆，身材健硕，交脚而坐，身着大红田相纹袈裟，作说法相，身后有舟形头光和背光，上绘变体火焰纹，顶端绘一莲花，增加了画面的灵动感，两侧的胁侍菩萨头戴三珠冠，上身披巾，下身着裙，身披瓔珞。整幅画面呈现了两种并存的绘画风格，一种是佛像身上勾线、色彩平铺的中原画风，一种是菩萨身上凹凸晕染的西域画风。

隋代人物画风格为唐代中原画风的成熟奠定了基础。由于大乘佛教的盛行，从唐代开始，释迦说法图的数量开始逐渐减少，画幅也在缩小，而且人物造型及构图形式也逐渐走向单一。

二、阿弥陀佛

阿弥陀佛，意译为无量寿。[1] 据《观无量寿经》卷上可知，与释迦佛一样，阿弥陀佛也是古印度刹帝利种姓王族的太子，因自在佛的感化而出家成为法藏比丘，立大愿成就极乐世界，后又经历五劫，积累功德，最终愿行圆满，成为得道的阿弥陀佛。他所建立的极乐净土在婆娑世界之外十万亿佛土的西方，被称为西方极乐世界。阿弥陀佛是西方极乐世界的教主，与其左侧的观世音菩萨、右侧的大势至菩萨并称为西方三圣。

敦煌石窟中的阿弥陀佛说法图是随着净土思想在北朝的流行而出现的，但说法图的主尊造

① 根据鸠摩罗什所译《阿弥陀佛》，阿弥陀佛代表了光明无量、寿命无量，故称阿弥陀，又称无量寿，是根据其原本含义所立。

图 1-4　阿弥陀佛说法图 盛唐 莫高窟第 444 窟 南壁中央

型相对一致，我们主要根据胁侍菩萨手中持物来辨识、确定主尊身份。有些图中有身份题记，就较为容易辨识。例如西魏时期的莫高窟第 285 窟东壁，采用左右对称的格局，在门南北两侧绘制大型说法图（图 1–3），均为一佛四菩萨、四弟子的组合方式。主尊佛像着对襟大袍，垂裙重叠，结跏趺坐于台基之上，施说法印，头上悬中原式双龙华盖，有流苏、羽葆，题名“无量寿佛”。其左右共有四身胁侍菩萨，其中靠近主尊的两身着褒衣博带，大冠高履，另外两身虽上身半裸，但有宽大的帔巾在腹前相交，题名分别为“无尽意菩萨”“文殊师利菩萨”“观世音菩萨”“大□志菩萨”。其上还有四身弟子像，持鲜花供养，题名有“阿难之像供养佛时”“摩诃迦叶之像”“舍利弗之像”“目连之像”。此铺说法图中的人物身材修长，面容清瘦，颇具北魏以来的秀骨清像之风。

初盛唐的阿弥陀佛说法图，可以根据图中描绘的象征物来判定。水池莲花、化生童子等是初唐经变画中常见的内容。此后，作为尊像形式的阿弥陀佛说法图也逐渐演变为场面宏大、内容丰富、富丽堂皇的西方净土变。如莫高窟盛唐的第 444 窟南壁中央的阿弥陀佛说法图（图 1–4），已是典型的中原吴道子绘画风格。图中阿弥陀佛结跏趺坐于须弥座上，左侧莲台立观世音菩萨，右侧莲台立大势至菩萨，身着帔巾、璎珞，身形婉约，象征悲、智二门。佛座案上设置供器，其下绘有莲池，画面上方饰莲花摩尼宝盖及花树，周围有团花龟甲、立体方格边饰环绕。此铺壁画人物形象丰满，线条细匀流畅，色彩沉稳大气，具有典型盛唐风范。

尊像画中的阿弥陀佛虽然没有释迦佛出现得多，但自隋代以来，阿弥陀佛信仰系统经变的创作开始流行[①]，画师们开始热衷于表现西方净土世界的神圣美好、富丽堂皇。五代时期，敦煌壁画还出现了阿弥陀佛接引像，这些对于阿弥陀佛的信仰及传播，起到了重要的作用。阿弥陀佛的印象被简化为“来迎印”，阿弥陀佛也变成了“来迎佛”，当人们诵念佛号，阿弥陀佛就将来迎。[②] 由此反映出人们对阿弥陀佛信仰，及追求往生净土的强烈愿望。

---

① 阿弥陀佛在过去久远劫时曾立大愿，建立西方净土，广度无边众生，成就无量庄严功德，为大乘佛教所广为崇敬和弘扬。大乘佛经主要有《无量寿经》《阿弥陀经》《观无量寿佛经》，对阿弥陀佛及其西方极乐世界均有详述。

② 敦煌研究院编：《敦煌石窟全集・尊像画卷》，香港商务印书馆，2002 年，第 51 页。

第二节

菩提萨埵

菩萨是菩提萨埵之简称。菩提，有觉、智、道之意；萨埵，是“众生”“有情”的意思，与声闻、缘觉合称三乘，又为十界之一。凡修持大成六度，求无上菩提，下化众生，于未来成就佛果的修行者都可以称为菩萨。菩萨是众生成佛的必经身份，众生要成佛，必须先发大愿心，最主要的有四条，称为四宏誓愿：“众生无边誓愿度，烦恼无尽誓愿断，法门无量誓愿学，佛道无上誓愿成。”可见只有经历无数的考验与修行，才能成为一位名副其实的菩萨。

在小乘佛教中，仅把释迦牟尼累世修行的前身和还没成就佛果的悉达多太子称之为菩萨。随着大乘佛教的流行，开始把立下宏愿、上求佛道、下化众生的出家修行者也称之为菩萨，于是，越来越多的菩萨名号出现，有时也会将建教立宗、精通佛法的高僧大德，以及在家居士称之为菩萨，其肩负着将众生度化成佛的任务。

新疆及甘肃地区石窟壁画中所表现的主要是佛经中弘扬佛法、教化大众的菩萨。在形象上可以分为两类：第一类是佛经中有记载名号的菩萨；第二类是佛像旁边的胁侍菩萨、听法菩萨等供养类的菩萨。从造型来说，佛像变化较少，而菩萨像更加追求相好、服饰、手印、量度等配置，容貌特征、身形动态、神态表情也有较多变化，较之佛像的庄严静穆，菩萨像更加熠熠闪光，更令世人产生亲切之感。

图 1-5　兜率天宫菩萨说法图 公元 6—7 世纪 克孜尔石窟第 17 窟 主室前壁门上方

一、弥勒菩萨

在佛教中释迦牟尼佛是现在佛，释迦涅槃后，由未来佛弥勒继承为佛陀。弥勒原意为慈悲，居住于兜率天宫，宣讲佛法，自为修行，等待将来成佛，解救那些未被释迦教示解救的人们，由此广受世人信仰。早期印度的弥勒菩萨造像盛行于贵霜时代和波罗王朝，在进入克孜尔石窟之后，集中地被绘制于石窟前窟门的上方，且与天宫的建筑及伎乐天女共同构成一幅图像，同时与两壁的太子诞生、说法图及后壁的涅槃图像等共同构筑释迦完整的一生。以其所居位置来看，窟口上方的弥勒菩萨造像，其作用应该是扮演与释迦同时，而居兜率天宫等待下生成佛的候补菩萨角色。[①] 克孜尔石窟第 17 窟主室前壁门上方即为一铺兜率天宫菩萨说法图（图 1-5），主尊为一交脚弥勒菩萨像，头戴冠，上身裸露，下身着裙裤，身披瓔珞，左手持净瓶，两侧分别绘五身闻法诸天，交脚坐于高方座之上。晕染方法及服饰皆与印度佛教艺术相类。

此题材在敦煌隋代壁画中较为流行，其中莫高窟第 390 窟北壁中央绘制一铺较大幅的弥勒菩萨说法图，已经完全形成中原风格（图 1-6）。南北两壁作对称布局，均以说法图为主体。其中北壁画面中央为善跏趺坐于须弥座上的弥勒菩萨，头戴化佛冠；左右为二胁侍菩萨，双足踏

① 赖鹏举：《敦煌石窟造像思想研究》，文物出版社，2009 年，第 16 页。

图 1–6　弥勒菩萨说法图 隋 莫高窟第 390 窟 北壁中央

于莲台之上。菩萨身后有双树，上绘宝盖及飞天。围绕着说法图，壁面上下分三层绘制 33 身佛像，或为说法状，或为禅定相，身侧均有二胁侍菩萨。画面简洁，线条洗练，主要为青、绿、灰、黑、土红几种颜色，清淡雅致，人物形象生动，两侧胁侍菩萨身姿婉转、面容清秀，与中央弥勒菩萨的端庄大气相互映衬，反映出隋代绘画风格及技法的纯熟。但此种头戴化佛冠的造型极为少见，多出现在观世音菩萨的头饰中。

初唐时期还延续有此题材，莫高窟第 322 窟南壁中央弥勒菩萨说法图（图 1–7）的格局与隋代说法图一致，菩萨身后也绘有双树及宝盖。但主尊已为佛身，披红色袈裟，善跏趺坐，足踏双莲，左右各侧立三身菩萨，或作念佛状，或分别持莲花、透明碗钵。此铺壁画的菩萨面相更加丰润，神态端庄秀丽，表情生动传神，身姿健硕挺拔。线描圆润有力，色彩雍容大气、淡雅朴实，属于初唐的色调风格，衣饰简约大气。

图 1-7　弥勒菩萨说法图 初唐 莫高窟第 322 窟 南壁中央

二、胁侍菩萨及供养菩萨

在柏孜克里克及北庭佛寺遗址中保存了数量较多的回鹘时期的闻法菩萨或供养菩萨，形象具有典型唐代审美风尚和回鹘民族的审美观念。菩萨多面相饱满圆润，着装朴素。如柏孜克里克第 9 窟隧道后壁南龛内北壁上层，回鹘高昌时期的胁侍菩萨头上束花朵形发髻，其上装饰单色花冠，长卷发披在后背及双肩，丰满的脸庞上眉眼细长，鼻梁高直，朱唇小口，颈中有褶皱，饰三色宝珠项圈，披巾及天衣都装饰简洁，整幅图像也呈现出线条简约、设色单纯的特征。与此风格接近的还有库木吐喇石窟的胁侍菩萨形象，也自然地融入了回鹘人的形象特征，传递出回鹘人对美的认识和抒发。

敦煌壁画中的胁侍菩萨数量更是巨大，其造型风格与同时期其他题材的壁画较为一致。北凉至北魏前期，多为一佛二菩萨，北魏后期至西魏，胁侍菩萨增至四到八位，整体来看北朝至隋，菩萨多绘于各类说法图中，作为主尊的胁侍菩萨、听法菩萨形象，其组合方式较为灵活。

在敦煌石窟早期，供养菩萨数量比胁侍菩萨要多，例如北凉、北魏前期，胁侍菩萨只有两位，

图 1-8　供养菩萨　西魏　莫高窟第 285 窟西壁正龛内南侧

图1-9　持钵菩萨像　隋　莫高窟第401窟北壁东侧

供养菩萨则一大群，环绕在主尊周围，歌舞欢悦、礼赞佛法，至唐代大型经变画流行之时，其规模更是达到了极致。早期如西魏的莫高窟第285窟西壁正龛内两侧画供养菩萨二十身（图1-8），或裸体披巾，或着通肩大衣，或披右袒袈裟，或斜披罗巾，姿态各异，婉转婀娜。用线工整谨细、刚劲有力，轻松地刻画出面部表情、肢体语言和衣裙纹饰，面部和肢体还未完全变色，呈现细腻的肤色和中原低染法的晕染痕迹。

隋代莫高窟第401窟北壁东侧绘制的一身持钵菩萨像呈现出不同的风格面貌（图1-9）。菩萨头戴宝冠，头微斜倾上扬，俯视大地，长发垂肩，斜挎天衣，身形窈窕，手托玻璃嵌珠钵，脚踏莲花，巾带飘扬，身侧绘有莲花及摩尼宝珠，如世间少女般青春洋溢。画面用线紧劲有力，色调明晰，红绿蓝三色的搭配既明丽清新，又沉稳大气，非常精彩。

初唐的莫高窟第57窟西壁龛外北侧持莲供养菩萨像，是唐代菩萨形象的代表作之一（图1-10）。两身菩萨持莲花供养，细眉长目，鼻直唇红，面容丰腴，肌肤细腻，体态婀娜，双耳垂肩。左侧菩萨头戴三珠冠，着僧祇支；右侧菩萨头戴日月宝冠，斜挎天衣，饰以菱格联珠纹和雀尾花纹，身披璎珞，熠熠生辉，清晰地映射出绘画风格从隋代“细密精致而臻丽”向盛唐“富丽堂皇、明艳灿烂”新风格的转变过程。

听法菩萨中最精彩也是保存最为完好的一铺是初唐莫高窟第220窟西龛顶北侧的听法菩萨图（图1-11）。一身形较大的菩萨半跏趺坐于莲花座上，结印听法，面带微笑，四周有众菩萨环绕而坐，皆面朝主尊方向，形成众菩萨听法的布局。身后为深蓝色的天空，映衬出五彩斑斓的云涛，有飞天穿梭其中，歌舞散花，营造出一派神圣祥和的气氛。此铺壁画保存较为完好，既能看到唐代刚劲有力的线描功力，又可以看到中原晕染法呈现出来的细腻肌肤，同时也保留了鲜亮的色彩。

元代的菩萨像多沉稳大气，莫高窟第320窟东壁北侧持梵夹菩萨图是最典型的代表（图1-12），菩萨面相丰腴饱满，头挽高发髻，饰宝珠钗冠，手持梵夹，披巾着裙，跣足而立。神情肃穆，端庄大气。画面色彩雅致清新，线描技法纯熟、婉转流畅。

图 1-10　持莲供养菩萨像　初唐　莫高窟第 57 窟西壁龛外北侧

图 1-11　听法菩萨图 初唐 莫高窟第 220 窟 西龛顶北侧

图 1-12　持梵夹菩萨图 元代 莫高窟第 320 窟 东壁北侧

图 1–13　水月观音 西夏 榆林窟第 2 窟 西壁北侧

图 1-14　如意轮观音像 晚唐 莫高窟第 14 窟 北壁

三、观世音菩萨

观世音，又称观自在，深受民众的敬仰与喜爱，传说唐代为了避太宗李世民之讳，改称观音。在佛教各种画像中，观音菩萨的种类最为繁多，变化也很大。观世音菩萨在《观无量寿经》中与大势至菩萨同为阿弥陀佛的胁侍菩萨，合称为“西方三圣”。随着法华思想的深入人心，观音信仰也逐渐在民众中得到广泛传播，观音菩萨也从胁侍菩萨中分离出来，而成为最受人们尊重的一位佛教善神，且其形象也衍变为更为丰富的形态。在《法华经·观音普门品》中详细记述了观世音菩萨在众生遭遇大难时，变化为三十三身，随类示现，救助众生。这些故事在隋代开始出现的法华经变，以及唐代开始盛行的观音经变中都有细致的描绘。

图 1-15　千手千眼观音变 元 莫高窟第 3 窟 南北两壁

在初唐、盛唐壁画中的观世音菩萨总是与大势至菩萨配对出现，且独立成幅绘于窟龛外的两侧壁上。西夏、元时期，这种观世音菩萨与大势至菩萨相对称的配置逐渐减少，开始出现水月观音、散财观音、甘露观音及各种密教化现观音等独立尊像。

水月观音最为精彩的一铺位于西夏安西榆林窟第 2 窟西壁北侧（图 1-13）。观世音菩萨悠然地坐于断崖上凝思遐想，头戴金冠，长发垂肩，左手扶膝，右手拨念珠，通体有一透明圆光笼罩。眼前有碧水红莲，身后是奇峰翠竹，祥云环绕着岩石上插着柳枝的净瓶，远空一弯新月挂于云端，右下角水岸有玄奘携弟子悟空遥做礼拜。西夏时期的水月观音像，更注重环境的刻画及意境的营造，幽静深邃、色彩清雅、线描流畅、动态舒缓优美。

密教化现观音指的是依照密教教义和仪轨所画的观音菩萨像。例如如意轮观音，是密教六菩萨之一，能够以如意宝珠法轮之功德，济一切众生之苦，成就世间所求心愿，形象多为思维坐姿六臂像。如晚唐莫高窟第 14 窟北壁的如意轮观音像（图 1-14），右上手作思维状支颐，中手拿如意，下手执念珠；左上手执金轮，中手执莲花，下手按山，坐于莲花座之上。菩萨容貌端庄慈祥，衣饰雍容华贵，花簇满身，色彩艳丽，从人物形象、帔巾衣饰到纹饰图案，都清晰体现出这一时期敦煌壁画的风格特征。

千手千眼观音也是密教六菩萨之一，有八大菩萨为眷属，并领二十八部众。据《千手千眼观世音菩萨广大圆满无碍大悲心陀罗尼经》记载，观世音曾听千光王静住如来说广大圆满无碍大悲心陀罗尼神咒，发誓要普度众生，于是身生千手千眼[①]。千手千眼观音是敦煌石窟菩萨尊像中最为流行的题材，其中元代的莫高窟第 3 窟南北两壁所绘的千手千眼观音变最为精彩（图 1–15）。莫高窟第 3 窟是敦煌现存唯一一座以观音为主题的洞窟。北壁中央所画千手千眼观音，有十一面，四十大手，其中两手高举化佛，两手合掌，两手托钵，四周环绕二飞天及部众。全窟壁画以湿壁画的制作方法绘制，先制作沙泥壁面，上敷薄粉，再以焦墨勾勒，色彩淡雅，造型庄重大气。最为精彩的莫过于此铺壁画的线描。中国画中的线描，如铁线描、兰叶描、折芦描、高古游丝描等，皆绘于一壁，精彩绝伦。人物面容、肢体用遒劲有力的铁线描勾勒，自然、细腻、匀称、丰满，造型精准；衣裙飘带、璎珞佩饰，或笔势圆转，如行云流水，表现出满壁风动的轻柔，或笔力劲拔顿挫，如兰叶、如折芦，呈现出锦、绢、棉、麻等不同的质感，标志着元代绘画艺术的新高峰。

四、地藏菩萨

地藏菩萨，含义是“安忍不动犹如大地，静虑深密犹如秘藏”[②]，故称地藏。地，即土地，意指地藏菩萨能为一切众生所依，坚牢不动义，菩提妙心，坚如金刚，不可破坏；藏，具有秘密、包容、含育之义，意指地藏菩萨处于极深静虑之中，含育、教化一切众生止于至善。《地藏菩萨本愿经》述，释迦佛召地藏大士，令其永为幽明教主，地藏受其重托，遂在佛前立下宏大誓愿：“为是罪苦六道众生广设方便，尽令解脱，而我自身方成佛道。”因此，地藏菩萨又被称为“大愿地藏”，与文殊的“大智”、普贤的“大行”、观音的“大悲”，并称为“四大菩萨”。

地藏菩萨属于石窟尊像画中较为特殊的一类，其受释迦牟尼佛的托付，在释迦寂灭后、未来佛弥勒降生前担当起教化众生的任务，教化沉沦于六道轮回中的一切众生，因此他又常常与地阎罗王联系起来，被称为“幽冥教主”，统

① 敦煌研究院编：《中国石窟·敦煌莫高窟》第五卷，文物出版社，2013 年，第 231 页。
② ［唐］玄奘译：《地藏十轮经》，《大正藏》第十三册。

辖十殿阎罗王。其出现在印度佛教的时间也较晚，大约是在5、6世纪之时，形象也多示现大梵王、帝释、声闻、阎罗王、罗刹等身形，以教化众生、消灾祈福。敦煌壁画中的地藏菩萨像，最早出现在初唐，其虽为菩萨，但形象特征类似于身着袈裟的声闻或比丘形象，多为圆顶光头形象。初唐时多手持宝珠及结印，后来随着地藏信仰的广泛传播，菩萨造型也更加丰富起来，出现有被帽像，手持摩尼宝珠和锡杖，或手持幡幢、宝珠等，或立或坐于莲花之上。一般来讲，宝珠代表众生愿望，锡杖代表爱护众生。[①]

唐代的地藏菩萨像多为尊像式独立成幅，在洞窟中并无固定位置，还有一部分是补绘于前代洞窟中。五代、宋时期开始出现了地藏与地府十王组合的变相画，菩萨的形象也更加端庄俊秀。

整体来看，石窟壁画中的菩萨形象远比佛要繁多，佛陀相对庄重、简洁的形象不易产生变化，菩萨像既有众多身份的不同，又可以追求形象的优美、服饰的华丽、姿态的优雅，从而成为佛教艺术表现的重要题材，尤其是敦煌壁画中的说法图、经变画，其中都绘有各式各样的菩萨，使得敦煌成为世界上保存菩萨画像最多的佛教石窟。

① 敦煌研究院编：《敦煌石窟全集·尊像画卷》，香港商务印书馆，2002年，第175页。

第三节

护法天王

在中国的石窟壁画艺术中，除了佛、菩萨、弟子等尊像外，还有许多天王、力士造像。例如四大天王在佛教创立之初，就是印度民间宗教信仰的神祇，后来成为佛教的护法神，成为帝释天的大将。其形象最早作为守护神出现于公元前 2 世纪中叶印度巴尔胡特大塔周围的栏楯和塔门之上，四大天王皆为贵族装束，脚踏邪鬼。中国石窟壁画中的四大天王形象，最早出现于西魏，皆为身穿甲胄、手持武器的武士形象；北周时期又出现了窟门两侧壁绘南北二天王像的配置。

隋代以后，这两种配置就都流行开来，天王形象也皆披甲戴盔，或足踏小鬼或立于莲花之上，威武庄严。到了中晚唐时期，绘于洞窟四壁的天王像开始独立出现，例如北方毗沙门即财神俱比罗的信仰流行开来，由此演变成为专门为民祈福的财神。这一时期，单独出现的毗沙门天王像就有 11 幅之多。五代、宋开始流行在窟顶四角开浅龛，绘出精彩绝伦的四大天王像，周围环绕着众眷属。

开凿于西魏时期的莫高窟第 285 窟，在西壁龛外南侧下部绘东方持国天王与南方增长天王，北侧绘制西方广目天王和北方多闻天王，共同构筑了镇守四方的四大护法神王。四位天王从服饰到形象，都带有早期印度神祇的特征，面相方圆、细眉高挑、杏眼圆瞪，或侧目倾听，或若有所思，或露齿微笑，皆赤足立于莲花之上，头戴花冠，身着镶金铠甲，腰束战裙，姿态优雅。设色明丽，平面装饰性较强，绘画风格与同时期的壁画一致。

五代、宋初的窟顶四角天王像被称为“镇窟四天王”，描

上左：图1-16　北方多闻天王（毗沙门）五代 莫高窟第100窟窟顶西北角浅龛内

下左：图1-17　东方持国天王（提头赖吒）五代 莫高窟第100窟窟顶东北角浅龛内

上右：图1-18　南方增长天王（毗琉璃）五代 莫高窟第100窟窟顶东南角浅龛内

下右：图1-19　西方广目天王（毗留博叉）五代 莫高窟第100窟窟顶西南角浅龛内

绘居住于犍陀罗山四峰的四位天王带领眷属及诸神将分护天下。莫高窟壁画中最为精彩的一铺天王像是绘于五代的第100窟窟顶四角浅龛内的四大天王像。西北角为北方多闻天王（毗沙门），双手托塔，跪做供养状，身旁为眷属及夜叉、罗刹等（图1–16）；东北角为东方持国天王（提头赖吒），身披铠甲，手执金刚杵，身旁为眷属及乾闼婆、毗舍阇神将等（图1–17）；东南角为南方增长天王（毗琉璃），身着甲胄，红眉绿眼，双目圆瞪，张嘴欲吼，气势威猛，手持弓箭，屈膝而坐，身旁为天女及诸鬼神部属（图1–18）；西南角为西方广目天王（毗留博叉），头戴宝冠，身穿盔甲，蓝色头发，扬眉怒目，右手握剑，左手托剑身，身旁绘诸龙王、富单那等部属（图1–19）。四天王皆形象生动、表情夸张、衣饰华丽，纹样装饰丰富多彩，整铺壁画金碧辉煌、色彩艳丽、构图饱满，画面装饰感极强。

在佛教护法神系统中，还有一类是绘于佛龛内作为护法侍卫的八部众像，他们包括：一天众、二龙众、三夜叉、四阿修罗、五乾闼婆、六迦楼罗、七紧那罗、八摩睺罗迦。因为天众和龙众地位最高，所以又被称为天龙八部，常与诸菩萨、比丘共同参与听法。

天众中的“天”是天部尊神的总称，包括大梵天、帝释天、四大天王、吉祥天等三十三重天以及他们的眷属。天众的职能有两类：其一为护法，如大梵天、帝释天、四大天王、韦驮等；其二为侍从供养，既有诸天神，也有其眷属，常绘于主尊旁边，形态各异。

龙众中的“龙”，与中国神话中的龙有一定相似之处，都代表了可以从天海中取水的神，但佛教壁画中的龙多以听法的佛弟子的形象出现，皆拜佛向善、皈依佛门。

夜叉，又名药叉，为梵文音译，本义是指能吃鬼的神。在古印度神话中，夜叉是一种半神。[①] 在古印度民间的自然崇拜中，男药叉为守护大地和宝藏的力士和财神，女药叉为孕育万物的树神和水神。佛教经典中将其收为八部护法之一，为北方毗沙门天王的眷属部众。在印度的巴尔胡特及桑奇大塔塔门两侧，皆刻绘婀娜多姿的药叉女形象。在传入中国后，石窟壁画中的药叉形象转变为勇猛健硕、青面獠牙的力士模样。

阿修罗，意译为未喝、非天。原为古印度神话中的一种恶神，在佛经中是与天神对立的最高恶魔，常与帝释交战，吞食日月，但终被佛法征服，改邪归正，皈依佛门。在石窟壁画中多为三面六臂，手擎日月的形象。最为精彩的一铺是绘于西魏的莫高窟第249窟窟顶西披的阿修罗：赤身、四目、四臂，形体高大，双脚立于大海之上，双手擎起日月，身侧有双龙护卫。

乾闼婆，意译为香音神、香神，被佛教吸收后常作为伎乐供养之神。紧那罗，意译为歌神、歌舞神，男性通常是以马头人身、手持乐器的形象出现；女性相貌端庄，多以舞者形象出现。

迦楼罗，即金翅鸟神，原为婆罗门教大神毗湿奴的坐骑，为半人半鸟形象，生有鹰首、鹰翅和利爪，头顶有如意珠，在敦煌壁画中，多以头戴金翅鸟冠的护法形象出现。摩睺罗迦，意为大蟒神，无足腹行，在佛教壁画中多以头戴蛇冠的形象出现。

八部众的形象在唐代的经变画中已经非常成熟，艺术风格和造像神韵均表现出盛唐恢宏博大的气象。以绘制于中唐的榆林窟第25窟北壁的弥勒经变画最为精彩，虽然部分已漫漶不清，但我们依旧可以看到鲜活的人物形象和熟练精准的线条。在弥勒初会中前来劝请、听法的为八部众，多为刚健有力的武士形象，皆虔诚听法，通过他们头顶的标识我们可以清晰地辨认其身份。未来佛弥勒在龙华树下倚坐说法，法华林菩萨和大妙相菩萨左右胁侍，诸听法圣众、天龙八部围绕，第二会、第三会分别安置在左右两侧下方。弥勒初会中，西侧绘有头戴金翅鸟冠的迦楼罗，头戴蟒蛇的摩睺罗迦和一头戴狮冠的神王（图1–20）；东侧残留一前来劝请、听法的龙王，头顶有苍龙回首咆哮，气势逼人，龙王为一北方游牧民族形象，高鼻深目，须发飞扬，威武雄壮。画面右下方，弥勒二会中绘制有八部众的天部，天王皆为武士形象，身披甲胄、手握兵器、气宇轩昂（图1–21）。整铺壁画画风细腻、色彩绚丽，人物造型丰润饱满、表情生动形象，画法娴熟自如、线条极富韵律感，充分继承了盛唐中原的写实画风，艺术造诣极高。

① 据《毗湿奴往世书》叙述：夜叉与罗刹同时由大梵天的脚掌生出，双方常相互敌对，夜叉不同于罗刹，对待人类友善真诚。

上：图1–20　迦楼罗、摩睺罗伽和神王 中唐 榆林窟第25窟 北壁西侧

下：图1–21　弥勒二会中的天王像 中唐 榆林窟第25窟 北壁东侧下角

第四节

本土神灵

在敦煌石窟壁画中，还有一种特殊的题材不能忽略，那就是汉民族神话中的诸神形象。最为精彩的莫过于西魏莫高窟的第249、285两窟的覆斗顶四披，绘制了大量的汉民族神话题材，其与印度教及佛教文化图像交相呼应，出现了两种神话和谐共存，各路神仙共聚一窟的场景。这两座石窟规模宏大，绘刻精美，其风格呈现出当时正流行于中原的“秀骨清像”之风，清晰地映射出当时的统治者对中原文化的仰慕和大力提倡。

一、中国神灵与印度战神的和谐共存

莫高窟第249窟为一平面方形窟，覆斗形顶，正壁（西壁）开一圆券大龛，龛身较低，是莫高窟西魏时期新出现的洞窟形制（图1–22）。窟顶中间为叠涩垂莲藻井，其下四披“图画天地，品类群生”[①]。

首先是窟顶西披，即窟室正壁上方，宽4.2米。中间画阿修罗，赤裸上身腰系短裙，四目四臂，手擎日月，双龙护卫。双足立于大海，身后为须弥山，山腰二龙盘旋缠绕，山顶为帝释天宫。左右两侧绘制旋转擂鼓的雷公、手持铁锤的礔电、背负风袋的风神、吞云吐雾的雨师以及飞奔翱翔的乌获、朱雀、金翅鸟、飞天。大海两侧的山林中有仙人修行、麋鹿饮水、猿猴觅食，天上人间，浑然一体（图1–23）。其次是窟顶东披，

① ［东汉］王延寿:《鲁灵光殿赋》，选自《昭明文选》卷十一，华夏出版社，2000年。

图 1–22　覆斗形窟顶 西魏 莫高窟第 249 窟

图 1–23　阿修罗 西魏 莫高窟第 249 窟 窟顶西披

图 1–24　二力士承托摩尼宝珠 西魏 莫高窟第 249 窟 窟顶东披

即窟室东壁上方，宽 4.63 米。上部坍塌，下部绘二力士承托摩尼宝珠，飞天左右护持，朱雀和孔雀相对而飞，乌获与胡人杂耍西域传来的百戏，胡人北侧为龟蛇相交的玄武，乌获的南侧为我国神话故事中的开明。开明前有一猿猴，蹲踞在树上，作眺望状（图 1–24）。第三是窟顶北披，宽 5.95 米。上部残毁，仅存下部四龙引车，文鳐飞跃，骑龙持节的二方士分随龙车前后。有头顶竖耳、双臂生翼的羽人；头似鹿、身似马、背生翼的飞廉；虎头人身、头生双角、手足有爪、双臂生翼的乌获；奔驰引导在前，人头鸟身的禺强；人头龙身、背生双翼的开明车后护卫；其上还有白鹤相伴翱翔（图 1–25）。第四是与北披两相对称的窟顶南披，宽 5.38 米。中央画西王母身着大袖长袍，发髻高束，面相端庄，乘四凤驾车。凤车顶置垂盖，杆挂彩幡，车后旌旗飘扬，前后有乘鸾凤持节的方士和飞天引导。行进间，前有乌获、羽人开道，车旁有白虎驰骋，鲸鲵文鳐腾跃，车后有开明护卫，上有白鹭俯冲飞临。下部有野牛、黄羊在山林觅食[①]（图 1–26）。在壁画的白底之上，以青绿点染浮云及天花，表现出天空中神仙流云、满壁风动的气氛。

① 据《拾遗记》所载：西王母乘翠凤之辇而来，前导有文虎、文豹，后列雕鳞紫麏。

图 1–25 东王公乘龙车出行 西魏 莫高窟第 249 窟 窟顶北披

阿修罗原为印度古老神话中的恶神，被佛陀降伏后，与天众、龙众、乾闼婆、紧那罗等同为天龙八部众，守护释尊。因作战勇猛，又被称作战神，其战场被称为修罗场。而雷公、礔电、风伯、雨师、乌获、朱雀是典型的中国神话传说中的神灵，将他们都设计在一个情节中，也不得不说是敦煌西魏画师的一个伟大创举。

东王公和西王母，既是中国神话故事中的人物，也是道教的仙人，如今将他们与佛教的护法神阿修罗、佛教圣物摩尼宝珠共同绘制于一铺，巧妙地分布于窟顶四披，龙飞凤舞、风雨雷电、旌旗流云，营造出一派热闹祥和的神仙世界，与四披下部绕窟一周的山林野兽、狩猎奔走的人间生活形成了既对比又和谐的画面。

二、从人类始祖到日月之神

当我们把视线转向开凿于西魏大统四年（538）的莫高窟第 285 窟时，将再次被西魏画师的独具匠心和大胆创新所震撼。第 285 窟也是一覆斗顶方形窟，规模和构造都超过了第 249 窟，

图 1-26 西王母乘凤车出行 西魏 莫高窟第 249 窟 窟顶南披

图 1-27 飞天、雷神与化生 西魏 莫高窟第 285 窟 窟顶西披

图 1-28　二力士与伏羲、女娲 西魏 莫高窟第 285 窟 窟顶东披

图 1-29　摩尼宝珠与众神灵 西魏 莫高窟第 285 窟 窟顶南披

其藻井设计更加精美，水涡纹、火焰纹、莲花纹、忍冬纹、兽首衔玉佩及流苏羽葆，形成了敦煌石窟中第一个华盖式藻井。

藻井下被流苏分成了梯形四披。西披（图 1–27）上部为相对二飞天，两侧为击鼓雷神，其下为头似鹿、身有翼的飞廉，再下为飞天、朱雀、乘鸾仙女。龛楣上方为一化生童子，举托一盆鲜花。东披中心为二力士弓步相向共举莲枝，上有摩尼宝珠；宝珠两侧画伏羲、女娲，皆人面蛇身，伏羲着大袖襦，披长巾，胸前配三足乌的日轮，双手擎规；女娲胸佩有蟾蜍的月轮，持矩和墨斗。力士北侧为飞廉、开明，南侧为乌获、飞天，下部山岭间绘射猎场面（图 1–28）。

南披和北披上部中间绘有莲花，内有摩尼宝珠，两侧有二飞天相对扶持，其下有飞廉、羽人、朱雀、飞天、乌获、礔电与开明等神灵。其间有鲜花、祥云、披巾凌空飘动，满墙风动、热闹非凡（图 1–29）。与第 249 窟窟顶的设计相比，第 285 窟装饰感更强，在下部绕窟一周绘制结跏趺坐于莲台之上的禅修僧人，以圆券拱表示禅窟，上绘重峦叠嶂，树木葱郁，其间还有狩猎者及飞禽走兽，以整个窟顶象征天地宇宙，芸芸众生。

伏羲、女娲是中国神话中人类的始祖，在汉代的墓室壁画和画像石中已经非常流行，洛阳出土的西汉卜千秋墓中的伏羲、女娲，皆为上半人身、下半蛇身的形象，伏羲旁边有圆轮金乌，女娲旁边圆轮中绘树和蟾蜍。在陕北、山东、河南等地的汉代画像石中，也都有此形象。在佛教系统中，伏羲、女娲演变为日月之神，成为阿弥陀佛的部属，承担创造日月星辰二十八宿与划分春、夏、秋、冬的任务。[①] 将中国神话人物改造为佛教人物，以及将众多神话中的神灵绘制于窟内，是为佛教能走进中国，适应本土风俗和审美心理而精心设计，显然是佛教中国化的手段之一。

从以上分析我们可以总结出，从北魏晚期到西魏时期，这些中国传统神话中的神灵仙兽开始出现在佛教寺院和石窟壁画中，表明佛教思想在进入中国境内后，开始有意识地与中国传统神仙思想、道教思想相融合。通过神仙思想，佛教得到了更多民众的认同，于是，敦煌的画工们就想到通过绘画将佛境与仙境自然地融为一体，将本土神灵与西方诸神绘于一壁。

---

① 葛洪《抱朴子·内篇》中说：道士修炼“辟五兵之道”，即“但知书北斗字及日月字，便不畏白刃”。

小结

人们通过佛教艺术的审美而实现佛教信仰，最重要的原因是因为“神性”与“人性”的统一。神的形象是以人的形象创作而成，这些神通广大、超凡脱俗的佛、菩萨、护法等，都蕴含着深刻的内涵和人性之美，将审美推进为信仰，艺术美也随着信仰的深化而叠加出更深的意蕴。

站在石窟里，当我们心存虔诚之心由下往上瞻仰，抬眼望到的是直逼人心的对视，我们不由发现，无论是秀骨清像还是朴拙庄重，无论是健康丰满还是超凡绝尘，石窟壁画中的佛与菩萨、金刚力士们，都使我们这些红尘中的世人受到了心灵的震撼。他们是超凡脱俗、高不可攀的思辨神灵，是掌控命运、管辖尘世的人类主宰。慈悲安详的释迦、朴实清秀的阿难、忧思缜密的迦叶、矜持秀美的菩萨、威武雄强的天王、赤胆忠诚的护法……这些可以启发精神，愈加激发起生活在苦难之中的人们对佛与菩萨的依赖，向往皈依那人类肉体与精神的安歇之地，抵达那佛法无边的永恒家园。

中国
佛教美学
典藏

第二章

苦难崇高

佛教故事壁画

中国现存石窟中保存佛教故事画最多的是克孜尔石窟和敦煌莫高窟。以本生、佛传及因缘为主题的壁画题材，主要反映的是释迦牟尼前世本生、今世本行、成道教化以及因缘、譬喻等故事，大多为小乘佛教“唯礼释迦”思想的具体反映。因此，在小乘佛教占主导地位的龟兹地区，佛教故事壁画的题材内容及数量都是超越中外文化汇集地敦煌的，但敦煌石窟在印度文化及中原汉文化的共同影响下，创造出许多新的绘画形式和艺术风格，将佛教故事画的情节展开、风格演变都推向了最高峰。

第一节　本生故事画

在新疆发现的汉代鄯善伊循米兰佛教遗址中有长约5.5米的“须大拏太子本生”[①]，它不像龟兹等地四五世纪以后的作品那样采用单幅构图，而是运用连环画的形式，说明本生故事画甫入中国时，就存在两种形式，一种是单幅的，一种是连续性的。在印度的巴尔胡特佛塔及阿旃陀壁画中都有连续性构图的范例。[②] 但四五世纪时的佛教信徒们在禅观修行时，需要大量内容丰富的本生故事，且他们对于佛经中的故事都非常熟悉，并不需要详细描绘细节，由此便舍弃连环画这种表现方式，而更多地采用单幅画面铺陈展开，这应是克孜尔壁画上单幅构图的本生故事画更为流行的原因之一。直到后来，虔诚的供养者和信徒们又从追求数量而转向追求清晰、完整表现故事情节的时候，连续性的本生故事画才又再度流行起来，这在敦煌壁画中表现得非常明显。

菱格形单幅构图是克孜尔本生故事及因缘故事画早期和中期的主要表现形式，它伴随着中心柱窟券顶的产生而成为龟兹壁画的典型标志之一，是龟兹画师的独创。画面选取具有代表性的情节来表现，比较简洁，通常只绘有几身人物和动物，衬景很少，通常我们靠具有典型特征的人物和动物来辨认故事内容。早期石窟以本生故事为主，中期本生故事减少，因缘故事

---

① 米兰（Miarn），又称磨郎、密远。米兰遗址位于若羌县城东北约75千米处，在青新公路附近，南临古米兰河道。遗址有一座古城堡遗址，三座佛寺和五处佛塔遗址。米兰大寺又称磨郎大寺。1906年12月，斯坦因第二次进入新疆地区考察，在取道若羌进入罗布荒原的途中，察看了米兰古城，发现一幅以“带翼天使”知名的佛教壁画，此佛教遗址被定为米兰第五号遗址，目前仍残存有佛塔及院墙。

② 毛小雨：《印度壁画》，江西美术出版社，2000年，第105页。

图 2-1 本生故事画 公元 5—7 世纪 克孜尔石窟第 14 窟 券顶东侧壁

居多，画中的衬景相应增多，且人物及故事情节的处理也越来越生动形象，绘画手法也走向自由，随着中原汉文化的影响深入，线条在画面中也逐渐占据主导地位。到了晚期，本生和因缘不再出现，逐渐由千佛代替。现在保存较为完好，刻画也最为精美的多是中期的洞窟。

以克孜尔石窟第 14 窟主室券顶东侧壁壁画为例（图 2-1），在满壁的菱形格里绘满佛本生故事。左上角是一幅“马壁龙王特写”，描绘一条双头龙各绕一山头，龙背上站立两个合十礼拜的俗装人物，表现的是五百商人入海采宝时遇险，被马壁龙王救起渡过大海的故事；[①] 中间为我们所熟知的萨埵舍身饲虎的故事；右下角画面中，左侧为一猴，双膝下跪，向对面的狮子合十求助，右侧蹲狮抬头仰视，一鹰自空中俯冲而下，此为狮王本生故事，讲述山中一猕猴与狮王相交甚好，猴将二幼子相托，山中一鹫鸟想趁狮王熟睡之际掠走幼猴，狮王求鹫，遂放还幼猴。[②] 此铺壁画色泽艳丽，构图清晰，概括性较强，人物及动物形象刻画略显粗略。

克孜尔石窟第 114 窟的本生故事画更加精彩。已开始冲破菱形格限制，自由构图，同时线条勾勒更加精准，形象刻画也更加写实生动，应该是受汉文化影响产生的变化。第一幅菱形格内，为一圆形图案，内绘水波纹，代表大海，中央俯卧一人，另有 4 人在水中浮托此人，上方另一人抱一木板浮游而来，此为“勒那阇耶本生”（图 2-2）。讲述商主勒那阇耶与五百商贾入海，遭遇风暴船破。众人呼救，恐惧万分，勒那阇耶谓众人曰：大海不宿死尸，汝等各捉持我身。遂以刀

① 参见《经律异相》卷二十四。
② 参见《大集经》卷十一。

图 2-2　勒那阇耶本生 公元 5—7 世纪 克孜尔石窟第 114 窟

图 2-3　叔伯二人杀龙济国本生 公元 5—7 世纪 克孜尔石窟第 114 窟

自割而死。众人扶持其尸，至于彼岸[①]。第二幅图应当是“叔伯二人杀龙济国本生”（图 2-3）。此图左下方半菱格内，有一大象，象身上有一狮，张牙舞爪，前足扑向双头龙，作搏斗状。此图突破菱形格的限制，与旁边的半菱形格共同构建画面，增加了冲突感和情节性。故事讲述在一王国，蛟龙作怪，舌食黎庶，叔伯二人欲杀龙救国，结果叔化为一象，伯化为一狮，象至龙所，狮子登之，与龙踊斗。[②]

克孜尔石窟的本生故事壁画，除了菱格形式，还出现了长卷式本生壁画。由于长卷形式在空间上呈细长性，空间分隔上有大的弹性，在题材情节选择及艺术表现上自由度更大。但克孜尔的长卷式和莫高窟的长卷式有很大不同，它是将不同的故事画并置于一铺壁画，中间以象征性的物体分割画面，类似于南朝江宁西善桥出土的“竹林七贤”画像砖的构图方式。

最典型的是克孜尔石窟第184窟的本生故事画[③]。这幅长卷式本生画共有18部分（图2-4），从左至右依次为“郁多罗仙人写法”“快目王施眼”“虚空王施脚”“虔阇尼婆梨王燃灯”“雁王

① 参见《贤愚经》卷十。
② 出自《六度集经》卷六。
③ 参见《中国石窟·克孜尔石窟》第三卷图版说明：按照勒考克的记录，这些本生画是在第 206 窟甬道侧壁，但这个甬道侧壁壁画还都在原地保存，根据画面大小和画风，大体可以认定是在 184 窟主室侧壁下部。

图 2-4 本生故事画 公元 6—8 世纪 克孜尔石窟第 184 窟

图 2-5 本生故事画 公元 5—7 世纪 克孜尔石窟第 199 窟 右甬道外侧壁两栏

本生”“羼提波梨仙人本生”“慕魄太子本生”“银色女施两乳本生”“大光明王譬喻”“王为病人施肉”“修楼婆王闻法”“大光明王施头”“须大拏太子本生”“慈力王本生”“萨博燃臂”“菩萨施药除病”“一切施王舍身”和“萨埵太子本生”。这些本生故事，分别绘于主室侧壁下部。同时也可以看到本生故事在这一阶段，已从主室券顶两侧壁下降至主室下部，这说明本生故事的地位开始下降，但是数量上还是占很大的优势。

随着佛教艺术的发展，对单一情节设计所带来的局限，画师们逐渐有了新的设计和突破，通过合理的组合使故事情节达到动态的、连贯的、持续的效果。例如克孜尔石窟第199窟右甬道外侧壁的两栏本生故事画，情节从左向右排列，但主题还不能完全确定（图2–5）。[1] 该壁画有一部分缺失。其中一幅较完整的图，左起是一个婆罗门坐在草庐中，草庐上有树冠，树上栖息两只锦鸡。婆罗门对面有一人胡跪，右手扬起，左手触胯，似在向婆罗门诉说。身后有一人立于水池边沿，面向婆罗门，左手伸向水池，右手触面。接着是一个半圆形水池，池中并立五妇人，上身未穿衣，胯下围窄布。五人均戴双珠冠，为首一人有双环项光。池上方有四飞天向后顾盼，画面右端站立一男一女，女的有单环项光，双手握绳圈举过头顶，欲套向面前二人头部。推测是表现了“善财太子”“紧那罗女”本生故事的开始和发展。这两个本生故事题材来源于小乘佛教《根本说一切有部毗奈耶杂事》。该铺壁画的色彩与克孜尔典型的青绿色有所不同，为暖色的橘黄，属于克孜尔石窟中的特例。

敦煌石窟的本生故事画在此基础上又出现了几种新的构图形式。以莫高窟北

① 廖旸认为这两个本生故事题材来自六度中得精进度。

图 2–6　萨埵太子本生 北魏 莫高窟第 254 窟

魏第254窟大家所熟知的“萨埵太子本生”(萨埵舍身饲虎)为例(图2-6),来看一种新的构图形式——异时同时空构图形式。画面描绘了“三王子山间观饿虎”“刺颈”“跳崖”“饲虎”“二兄回宫报信”“父母哭柩”“收捡骨骸”“起塔供养”8个复杂的场景。各个场景之间用山林和人物动态分隔。画面构图均衡,“起塔供养”绘于受光面最强的左上角,并突出了塔的高度,较好地表达了画面的节奏感和韵律感,完整地叙述了故事,即强调了萨埵太子自我牺牲和悲悯众生的精神。尽管观众站在此铺壁画前的第一感觉是繁密复杂:不到三平方米的画面中自由地绘制二十余人物、若干动物、大片山峦和透视巧妙的白塔,看似没有秩序、没有空间层次,但熟悉这个故事的人们可以顺着主人公身形的变换将所有场景连贯起来。[1] 全图结构严密,穿插合理,繁而不乱,把情节统一在一幅画中,主体突出,层次分明,使人一目了然,人物造型和克孜尔石窟的西域式人物形象较为一致,应绘制于北魏迁洛之前,受中原汉文化影响较小的时期。

① 陈海涛、陈琦:《图说敦煌二五四窟》,生活·读书·新知三联书店,2017年,第52页。

图 2–7　萨埵太子本生 公元 5—7 世纪 克孜尔石窟第 114 窟

作为佛教艺术中最具感染力的题材，舍身饲虎的图像于各石窟中比比皆是，我们甚至可以通过这一个题材透视整个佛教故事画在石窟艺术中的发展演变过程。克孜尔石窟第 114 窟绘于菱形格的“萨埵舍身饲虎”图像（图 2–7），虽然画面还限制在菱形格内，但同时择取了“刺颈跳崖”“虎食萨埵”两个情节，增添了画面的丰富性。

回溯到北魏，当时盛行禅观修行，面观而非绕窟观是修行的一部分，因此，

图 2–8　尸毗王本生 北魏 莫高窟第 254 窟 北壁后部中层东端

对于一铺完整壁面图像的精心设计，以及对佛教经典本身精神内核的充分表达成了画师们的重要课题。莫高窟第 254 窟中北壁后部中层东端的“尸毗王本生”可谓典范之作（图 2–8）。画面中央为端坐的尸毗王，上部为老鹰逐鸽，形势惊险万分；左侧为眷属哭泣哀号，苦苦哀求劝阻；右侧为臣民敬仰赞叹，气氛悲壮凝重；右下角有一着游牧民族服装的人持秤，描述割肉贸鸽的故事情节。在紧凑的空间中，把故事中所有的元素都呈现出来，同时借鉴说法图的构图方式，给残忍悲怆的气氛营造出了一种宗教精神的神圣悲壮之美，毫无疑问，观看这样一铺壁画，对

图 2–9　鹿王本生 北魏 莫高窟第 257 窟西壁中层

于修行者的心目、慧眼是有益的锻炼和升华。

随着汉地艺术传统的影响，越来越多的画师开始将一种类似中原卷轴画的形式融入本生故事画中，北魏晚期开始出现横卷"连环画"式构图。最早也是最经典的连环画式本生故事画是莫高窟第 257 窟西壁中层的鹿王本生故事画（图 2–9），讲述勇敢的九色鹿纵身跳入河中救出不慎落水之人，却遭到那人带领国王前来捕杀的"报答"，最后忘恩负义的小人全身生满毒疮而死，贪婪的王后抑郁而死的故事。画面设计最为精彩的地方在于，情节由两头向中间铺陈，走向高潮。南端是故事的开端，"鹿王救人""溺人拜谢""发下毒誓"；北端开始为"王后说梦""溺人告密""国王猎鹿""生满毒疮""鹿王陈述"。画面构图完整巧妙，人物及动物形象的刻画优美写实，表情微妙传神，色彩单纯，极富装饰性，成为敦煌早期故事画中的经典。

这里，我们再呈现一幅经典的"萨埵太子本生"（图 2–10），即北周莫高窟第 428 窟东壁门南侧绘制的舍身饲虎图。整铺壁画分上中下三栏，故事从右上角开始向左推进，整体呈"S"形向下转折，故事情节相当完备。上段南起为三王子辞别国王"骑马出行""林中射靶""歇马谈心"；中段北起为"深入山林""山间观虎""萨埵饲虎""刺颈出血""二次投崖"；下段南起为"兄长悲哭""回马报信""报告国王""起塔供养"。整铺壁画中，树木、群山的绘制是营造气氛的重要配景，如左侧山后描绘二兄回城报信，驰马过处，树木被带起的风刮得倾斜，瞬间营造出悲壮的气氛；同时山林也是分隔场景的重要手段，三栏壁画正是由连绵起伏、重峦叠嶂的山林连贯成一铺完整的画面。同窟东壁北侧的"须大拏太子本生"也采用了同样的方法。同样题材的壁画还有开凿于西魏的天水麦积山第 127 窟，窟顶左右两披所绘的"萨埵太子本生"，展示了典型的人物

图 2-10 萨埵太子本生 北周 莫高窟第 428 窟 东壁门南侧

图 2-11　萨埵本生 西魏 天水麦积山石窟第 127 窟 窟顶右披

图 2-12　本生故事画（局部）隋 莫高窟第 302 窟 人字披顶东披

造型和中原绘画风格，图中的故事内容和环境景物密切结合，构图完整，描绘生动，气氛烘托感人至深（图 2–11）。

整体来看，北周时期，长卷式连环画构图已经成为本生故事画的主要表现形式。其特点为：其一，山水背景成了固定格局，山水、树木、房屋与人物交织在一起，形成特有的形式；其二，背景造型富于装饰性，色彩单纯，由红、蓝、黑交错排列，在长卷中共同构成波状曲线，与汉代画像石中的山峦颇有异曲同工之妙。[1]

在隋代，莫高窟中的本生故事画主要延续了北周时的长卷式构图，其中的山水、建筑背景更加丰富，表现技法更加成熟，构图形式也更加自由，色彩沉稳大气，主要集中在土黄、土红、石青三色。有时会借用早期的概括形式，在长卷中表现多个流传甚广、家喻户晓的本生故事。如莫高窟隋代第 302 窟人字披顶，东西两披皆绘制多个本生故事画，画面分上下两段横幅长卷。东披上段

① 赵声良：《敦煌石窟艺术简史》，中国青年出版社，2015 年，第 102 页。

图 2-13　本生故事画（局部）隋 莫高窟第 302 窟 人字披顶西披

图 2-14　须大拏太子本生（局部）隋 莫高窟第 423 窟 人字披顶东披

多以独幅形式绘制本生故事，左起两个不详，此后依次为“快目王施眼”“月光王施头”“毗楞竭梨王本生”“尸毗王本生”“施身闻半偈”等大约 8 种题材（图 2–12）。西披也为横卷式，但延续北周的形式，上段绘制完整的萨埵太子本生图，下段绘福田经变[①]，画面自北端起画：“一者，兴立佛图僧房堂阁；二者，果园浴池树木清凉；三者，常施医药疗救众病；四者，作坚牢船渡济人民；五者，安设桥梁过渡羸弱；六者，近道作井渴乏得饮；七者，造作全厕施便利处。”[②] 画中的内容折射出了当时社会生活的各个方面，真实生动，其中的桑树、垂柳已清晰可辨，用笔轻松豁达，色彩沉稳大气，整体风格与北朝一致（图 2–13）。

莫高窟第 423 窟人字披顶东披的“须大拏太子本生”（图 2–14），上下不分段，由北上角开始，太子乐善好施，将白象施与敌国婆罗门后被放逐；情节至南端后转下方，表现太子携妻子儿女沿路施舍，终至檀特山；此后是儿女乞讨，国王赎孙并迎太子还宫。画面以白色铺底，青绿、土红和黑色绘制山峦、城池和宅院建筑，清新素净。画师更是将构图设计的自由洒脱走向了极致，将中国山水画的空间处理方法融入其中，空间在连绵起伏的山峦分隔下，无限延展，画面满而不乱，生动有趣。

① “福田经变”是根据《佛说诸德福田经》中的“修福七法”画成，为莫高窟仅有的两幅之一（另一幅绘于北周第 296 窟覆斗顶北披东段），反映了为时短暂的三阶教派对敦煌的影响。

② ［唐］释道世：《法林珠苑》卷三十三、《兴福篇》第二十七之一。

第二节

佛传故事画

克孜尔石窟中的佛传故事壁画内容大致有两种：一种是描绘释迦牟尼从诞生前后至涅槃前后的“一生所有化迹”。[①] 该类故事赞颂佛一生事迹的本传，一般通称佛传图或佛本行图。这种故事画数量不是特别多，一般绘制于方形窟的侧壁，构图较为自由，因佛传故事内容的连贯性，此类壁画多成系列，有序分布于壁面。另一种是以说法为中心，描绘释迦牟尼成道后说法教化之因缘，故称因缘佛传图或说法图。此类壁画构图略显呆板，多以释迦为中心，通过两旁的不同人物来分辨故事内容。这两种壁画，总称为佛传壁画。[②]

克孜尔石窟佛传故事在中心柱窟的位置与形式有两种。其

① 正如《根本说一切有部毗奈耶杂事》卷三十八所云：“于妙堂殿如法图画佛本因缘。菩萨昔在兜率天宫，将欲下生，观其五事；欲界天子三净母身，作象子形托生母腹，既诞之后逾城出家，苦行六年，坐金刚座，菩提树下成等正觉；次至婆罗痆斯国为五比丘，三转十二行四谛法轮；次于室罗伐城为人天众现大神通；次往三十三天为母摩耶广宣法要；宝阶三道下瞻部洲；于僧羯奢城人天渴仰；于诸方国在处化生，利益既周，将趣圆寂，遂至拘尸那城娑罗双树，北首而卧入大涅槃。如来一代所有化迹，既图画已。”

② 丁明夷，马世长：《克孜尔石窟的佛传壁画》，见《中国石窟·克孜尔石窟》第一卷，文物出版社，1989年，第185页。

图 2-15 因缘佛传 公元 5—6 世纪 克孜尔石窟第 98 窟 主室南壁

一是以单独的画面绘于中心柱佛龛上方和主室入口的圆拱内；其二是绘在中心柱窟主室的左右侧壁上，分为上下两栏或者三栏，每栏中分隔为方形或者长方形的若干铺，铺内绘制连续性的佛传图。

克孜尔石窟第 98 窟为一中心方柱窟，主室顶为纵券顶，在主室左右两壁均绘有因缘佛传图。每壁分上下二栏，每栏内的画面，无明显分界。我们以南壁上栏因缘佛传图的局部为例进行分析（图 2-15）。该图画面保存较为完好，画面中坐佛居中，双足斜交于方形座上，在其左

图 2-16　逾城出家图 公元 5—7 世纪 克孜尔石窟第 110 窟 东西侧壁

右两侧的下方，分别是菩萨和护法像，双足斜交，坐于方座之上，双手于胸前合十，作听法状。佛座前侧，有一裸女，斜卧于地上。构图饱满，人物之间相互呼应，完全突破了早期说法图的呆板及枯燥，衣饰及动作带有浓厚的印度遗风，具有强烈的装饰效果；在绘画技法上，此铺壁画注重人体的结构和比例，写实生动，线条细劲有力。

克孜尔石窟第 110 窟是绘制佛传故事画最丰富、也是最完整的一座方形窟，题材有 20 余种。[①] 其北壁为正壁，东西为二侧壁，均绘制佛传故事，前后连续，从佛诞生至涅槃，绘出了释

① 《克孜尔石窟总录》中记载 110 窟现存本生故事图共有 22 种，丁明夷考察克孜尔石窟第 110 窟现存有 26 种，其数据发表在《克孜尔石窟的佛传壁画》一文中，见《中国石窟·克孜尔石窟》第一卷。

迦牟尼的一生事迹。每壁上下分为三栏，而东、西壁的每栏，又分隔成七幅画面。北壁画面残损较为严重，不易辨识。从现存壁画内容来看，故事应该是从西壁中栏开始，依次向北至东壁中栏；接着重新从西壁的下栏开始，依次向北，即东壁下栏发展，东壁下栏右侧为最后一幅——涅槃图。上栏被德国人盗取较多，其余也残毁较为严重。此窟中很多题材都是克孜尔石窟的特例，如：太子试艺、掷象出城、出家决定、车匿备马、夜半逾城、白马吻足、车匿告别、受出家衣、二商主奉食、四天王奉钵、罗祜罗认父、牧牛女出家等。这里我们择取其中一幅保存较为完好的逾城出家图（图 2-16），以此管窥此类佛传故事画的表现形式及构图特点。画面中太子骑马，四天王各扶马足，帝释紧随其后，车匿前导，逾城出家。[①] 这幅图象征着释迦太子摆脱世俗生活向佛学世界迈进，具有历史意义，在印度佛传美术中颇受重视，在桑奇大塔第一塔中就有此图像。这一题材在中国也很常见，但在克孜尔石窟现存壁画中发现不多。

涅槃图只是佛传故事画的一部分，在克孜尔石窟中一般是甬道（后室）的主题，共计 13 个题材。较为常见的是“涅槃”“焚棺（荼毗）”“八王分舍利”三个核心题材，艺术风格多继承犍陀罗此类图像特征，同时也加入了龟兹的本土元素。值得一提的是在克孜尔石窟涅槃图像中新增了两个佛传题材，即“度善爱乾闼婆王”和“未生怨王”，这两个题材不见于印度、犍陀罗等佛教艺术的发源地，在克孜尔石窟以东的敦煌、麦积山、龙门、云冈等地也未有一例。

克孜尔石窟第13窟，有一幅“度乐神善爱乾闼婆王”的壁画，[②] 画中有一男一女、一黑一白两人，人物形体较大，身材丰满，几乎占满画面，头饰及衣饰皆华丽精美，身披璎珞，女子上身裸露，着披巾，接近印度服饰特点。左侧是天神，两腿交叉，胯部向左轻摆，右腿似承担全身的重量，微笑着面向右侧女子，两手在胸前做出交谈时的比拟动作，女子斜倚于男子，左臂肘部搁置于男肩，双手作比拟动作。身后有一装饰性大树冠，树叶由图案构成，散布花朵和宝珠。讲述的是佛涅槃之前，化作乐神到天宫与乐神善爱对奏箜篌，胜过善爱，然后度化她成为皈依佛法的居士。绘制精美，人物形象刻画生动传神，色彩也保存较为完好。在克孜尔石窟第 7 窟也有一例，人物形象、艺术风格与此幅如出一辙。

另一题材的图像如克孜尔石窟第 219 窟甬道外侧壁的“未生怨王与行雨大

① 见《根本说一切有部毗奈耶破僧事》卷四，《大正藏》第二十四册，第 116 页。
② 德国人的记录中，这幅壁画在第 7 窟，但第 7 窟此幅壁画尚存，根据画幅大小及题材对应分析，应出于第 13 窟后室涅槃佛头所朝向的一端壁面。

图 2-17 未生怨王与行雨大臣 公元 5—7 世纪 克孜尔石窟第 219 窟 甬道外侧壁

图 2–18 未生怨王（局部） 公元 5—7 世纪 克孜尔石窟第 224 窟

臣”（图 2–17），保存较为完好，构图饱满，用线简练概括，人物形象生动，衣饰华丽。画中五人皆向右侧张望，上排右侧一人和下排两人皆双手高举，作惊讶和激动状。五人均有头光可见身份较高，背景宫殿已损毁。恰好在克孜尔石窟第 224 窟也有同题材的画面，五人右侧为一条河，河对岸为一佛一僧。由此猜测此画描述的是未生怨王和行雨大臣伴送佛渡恒河的故事。[①] 克孜尔石窟第 224 窟这幅同题材壁画的左上角（图 2–18），绘有类似于印度细密画的异域风格宫殿。

敦煌佛传图的构图形式，与本生故事画和因缘故事画基本一致，有多种构图方式。北魏时期，如莫高窟第 254 窟，位于南壁阙形龛下部的降魔变（图 2–19），图中释迦牟尼结跏趺坐于中央，左手执裙，右手作降魔印，神情自若。佛右侧拔剑者为魔王，着盔甲，怒视释迦，身旁为波旬之子，从中劝阻。魔王身后为其 3 个女儿，头戴宝冠，着龟兹装，搔首弄姿，妩媚动人。左侧为释迦以神力将其变为老妪。上部两侧画有剑拔弩张的魔军。此幅是敦煌石窟最早的一幅降魔变，其绘画理念及构图风格与此窟其他故事画较为一致。佛传中，释迦牟尼的诞生、降魔、成道、涅槃被称作“四相”。释迦成道前，天魔波旬率 3 个女儿及魔军至佛所，诱以女色，以武

① 讲述摩揭陀国王频婆娑罗之子，因前世因缘遭遗弃，长大之后受提婆达多挑唆弑父夺取王位的故事。但因罪孽深重，导致身上遍生恶疮。佛陀为母子二人说破因缘，皆皈依佛门，阿阇世王满身的恶疮治愈，并一心拥戴佛陀。“阿阇世王灵梦沐浴”叙述了一日阿阇世王夜梦佛涅槃，迦叶得知释尊如梦中预示已入涅槃，担心阿阇世王得知消息会昏死过去，与大臣行雨商议将佛陀一生的事迹绘成图像，展示于花园中，然后引导阿阇世王入园后，告知佛涅槃的故事。见《根本说一切有部毗奈耶杂事》卷三十六。

图 2-19 降魔变 北魏 莫高窟第 254 窟 南壁阙形龛下部

力威胁，被佛一一击破。整铺壁画以典型北魏“异时同时空”构图形式，将故事中所有的人物、情节都设计于一铺，画面饱满、生动，具有很强的震撼力。

北周时期，如莫高窟第290窟人字披顶东、西两披的佛传故事画，是我国现存规模最大、内容最丰富，也是保存最为完整的佛传连环故事画（图2–20），总长达25米。该画用横卷描绘了从佛诞生到出家之间的主要情节，全卷约80个画面。画面中的人物形象和服饰已经完全汉化，其中有我们所熟悉的乘象入胎、树下诞生、步步生莲、仙人占相、九龙灌顶、太子练武、掷缨定亲、太子迎亲、出游四门、夜半逾城、树下苦修等，故事从东披南端开始，上下三层，情节发展呈“S”形走向；西披与此对应，至下端南段结束，最后的场面为出家、成道和说法。

图 2-20　佛传故事画 北周 莫高窟第 290 窟 人字披顶东披

其总体的审美特征是自由、稚拙、洒脱；用笔简约流畅、生动活泼，这正是南北朝所流行的“疏体”画风在佛教石窟壁画中的体现。

隋代出现了装饰风格浓郁的佛传故事画形式，例如莫高窟隋代第 397 窟的佛传故事，绘于石窟正壁龛顶的南北两侧，场面宏大，内容丰富，人物刻画细腻，色彩绚丽，具有很强的装饰风格。此窟为平面方形窟，覆斗形顶，西壁开一龛，有双层龛口，内层龛顶火焰纹两侧画佛传故事。北侧画“乘象入胎”，表现摩耶夫人夜梦菩萨乘六牙白象前来投胎。画面中象载着菩萨，乘浮云而行；众飞天捧供器作前导、持香炉相送；有菩萨持旌幡伴随，亦有天女演奏琵琶、笙管乐器；五色流云、宝相花朵点缀其中，将天国的景象描绘得多姿多彩。南侧绘“逾城出家”，表现的是悉达多太子决意出家，夜半乘马逾城入山修行的场景。画面绘有天王托马蹄升空，飞天引路，诸天菩萨奏乐护持，以及伎乐飞天奏乐散花的场景，云彩飞动，天花飞旋，渲染出热烈祥和的气氛。这两幅画共同的特征就是画面色彩缤纷富丽，极具装饰风格，且这两幅佛传故事画，已经在印度本土传来的版本中加入了中国神话故事、民间故事的内容，这些新内容的加入使其更加中国化。

第三节

因缘故事画

因缘故事是佛门弟子、善男信女前世或今世因缘，以及释迦牟尼教化众生的故事[①]，其和本生故事的区别是：本生故事只讲释迦牟尼本人前生的故事，而因缘故事是讲弟子、善男信女前世或今世的故事。因缘故事的核心是宣扬佛教的因果，其中事物产生条件叫作因，而外部的辅助条件叫作缘，合称为因缘。而绘制因缘故事是为了劝谕世人敬奉佛法、多做好事、积累善因，以得善缘。

克孜尔石窟因缘故事的主要构图方式与本生故事相似，也经常与本生故事一起绘于券顶菱形格内，其区别在于本生故事画内并不绘佛像，而大多数的因缘故事图中，佛位于中间部位，头向左或向右，其左侧、右侧绘一身或数身人物或动物形象。其早期单幅故事画的特色，是需要简略而又明确地表达故事画的主要内容，因此，单幅构图的故事画，就好比是一个特写镜头，摄取故事中的精髓，抓住最本质的东西。如克孜尔石窟第 38 窟主室券顶东侧壁的菱形格，为一排本生故事、一排因缘故事的构图设计。图中左侧菱形格内绘坐佛，左手托画钵，右手执画笔。坐佛右侧立一袒右肩的弟子，举一画帛，此为“波塞奇画佛”因缘，讲的是佛为画师波塞奇示范画佛像的故事。[②] 右侧菱形格的图像还未有明确考证。（图 2–21）

敦煌石窟的因缘故事画，由于时代不同，呈现不同的构图形式和风格面貌。如北魏第 257 窟南壁中层的“小沙弥守戒自

---

① 小乘佛教因缘故事画，取自因缘学说“十二因缘”，包括无明、行、识、名色、六入、受、触、爱、取、有、生、老死。

② 见《贤愚经》卷二。

图 2-21　菱形格因缘故事画 克孜尔石窟第 38 窟 主室券顶东侧壁

图 2–24　须摩提女缘品 公元 5—7 世纪 克孜尔石窟第 224 窟 券顶中脊

图 2–25　五百强盗成佛图 西魏 莫高窟

（局部）

图 2-22 小沙弥守戒自杀缘品 北魏 莫高窟第 257 窟 南壁中层

杀缘品”（图 2-22），画面从左向右描绘的是一位笃信佛教的长者，将儿子送至比丘处出家。一日，比丘让小沙弥到一施主家乞食，施主外出赴宴，留其女守家，少女见沙弥眉目清秀，求与婚配。沙弥不舍佛法，自杀言志，少女悲哭哀泣，如实告与父亲。施主呈报国王，缴纳罚金，国王为表彰沙弥善行，将其火化，并起塔供养。此图自南壁后部东端起，分别为长者送子削发出家、前往乞食、少女倾心、沙弥自杀、少女哀哭、告知父亲、交纳罚金、沙弥火化、起塔供养。

莫高窟第 257 窟北壁后部中层是“须摩提女缘品”（图 2-23）与克孜尔石窟唯一的一幅长卷式因缘故事画，即第 224 窟券顶中脊的壁画（图 2-24）相比，故事情节设计及人物形象刻画都更加丰富和生动。此铺壁画由西壁中层北段开始，延伸至北壁中层中段，讲的是须摩提女虔诚敬佛，父亲将她许配给满富国长者满财之子，过门后六千梵志前来赴宴，须摩提女因信仰不同而拒绝施礼；满财长者要求请佛来见，佛遥知其意，欣然受请，与众弟子赴会，诸弟子现各种化身飞来；释迦当众说法，梵志与众人皆皈依佛法的故事。

到了西魏，这种连环画式的构图方式更加成熟，山石、建筑等背景的处理也更加自由，场面更加宏大，人物已由北魏石窟中的龟兹装变为大袖裙襦。最精彩的莫过于莫高窟第 285 窟的 500 强盗成佛图（图 2-25），讲述古代乔萨罗国有 500 人造反为盗，国王遂派兵征剿，后被俘受刑，放逐山林，佛以神力救助，并现身说法，终使 500 强盗皈依佛法的故事。此图绘于洞窟南壁上层，呈横向长卷式，按时间的先后顺序，自左至右，画了交战、被俘、施刑、放逐、得救、听法、入山修行 7 个场面。这幅画最典型的特征是其人物造型显示出“秀骨清像”的中原南朝风格。画面是通过人物的活动来表现故事情节的，而在描绘人物形象时，完全摒弃了西域式的晕染法，人物造型以线描为主，形象清瘦矍铄，应该是吸收了顾恺之“秀骨清像”艺术风

图 2-23 须摩提女缘品 北魏 莫高窟第 257 窟 北壁后部中层

格的影响；在细节描绘上更为精彩，画师们在战马、兵器及山峰树木的处理上都采用了细腻写实的手法。

五代至宋代，敦煌石窟的佛教故事画，除继承唐代已有的内容和表现形式，就是以佛传故事和《贤愚经》故事为内容的大型屏风式故事画，严格来说，它们已经属于经变画的范畴。但贤愚经变属于形式较为特殊的一类经变画，由众多独立的故事组合而成，因此我们权且将它放置在故事画一章来讲述。

屏风画是中国的一种传统绘画形式，画面布局更加开阔，空间感更强，在唐代的莫高窟中已被广泛绘于大型经变画或佛龛内两壁，起陪衬装饰作用。但到五代时才出现成系列的大型屏风式故事画，其代表作品是五代第98、61窟《贤愚经》题材的故事画。位于第98窟南壁的波斯匿王丑女因缘故事（图2–26），描述波斯匿王有一丑女，久闭深宫，无人见过，成年之后，国王为其招一驸马，并嘱其紧锁门户。后有好事者灌醉驸马，偷其钥匙，欲偷窥公主容貌。公主受佛恩典，容颜变得举世无双，五人入户后感慨引退。后驸马返家得知原委，夫妇二人遂与父母共至佛所，皈依佛教，求佛说法。画面中有八处榜题，情节自右上端曲折向下，浑然天成，犹如一幅立轴山水。画中建筑透视感强，人物、马匹刻画精准概括，色彩明丽清新，联屏环绕，共同构造出鸿篇巨制的屏风故事画。

图 2-26　波斯匿王丑女因缘故事 五代 莫高窟第 98 窟 南壁

小结

从艺术风格来看，北朝至隋这一阶段是佛教故事画创作发展的高峰。在小乘佛教的影响下，佛教石窟中的故事画，在自身发展演变的过程中，也自然受到外来因素及中原传统文化的共同影响，在加以吸收和融合后，最终形成自己鲜明的地域风格和时代风尚，成为我们研究的重点。

佛教故事画从形式上可以简单归纳为四种构图形式。首先是场景式构图。它又分为两个层次，早期的单一式场景是简单表达某一故事中的关键情节，随着时代的变迁，画面也越来越注重场景的营造；一图多景是多个分支情节绘于一图，呈现不同的空间，也即上节所述“异时同时空构图形式”。其二是说法式构图。这类图像有其特定的题材和内容，为居中对称型程式化构图，主要特征为佛陀居画面中央，其余次要人物根据故事情节变幻，环绕于佛陀周围。其三是连环画式构图。将故事的众多情节按照一定的阅读秩序排列，是典型中原汉文化的读图方式之一。其四是屏风式构图。在一图多景构图的基础上，更有秩序地将不同情节绘于一铺，仿照中国山水画的空间处理，因为是屏风形式，所以画幅多以系列呈现。

从佛教美学的角度，我们不得不去思考，这种沉重悲悯主题下蕴含的是怎样的社会现实？无论是“萨埵本生”中父母兄长的悲戚，还是“须大拏乐善好施”中被捆缚牵走的儿女，都是为了宣扬主人公的隐忍与牺牲，对比和烘托他们的崇高与善良，让人们进行灵魂的洗礼，忘却现实中的一切不公平、不合理，而这一切恰恰反映的就是这一时期社会的混乱和现实的不公平。跟长期分裂、混战连绵的北朝不同，隋唐开启了统一稳固的时代，带来了一个较长阶段的繁荣稳定，由此也带来了壁画题材的转变，那些表现牺牲与苦难，宣扬隐忍和消极的故事题材逐渐被气势恢宏、华美精致的经变画所取代，而那种超凡绝尘、美轮美奂的亭台楼榭、歌舞升平也正是盛唐精神风貌的写照。佛教故事画，正是通过它独特的呈现方式，带我们走过黑暗混战、王朝更迭的南北朝，为我们保留下来那个时代的痕迹和另一种美的典范。

中国
佛教美学
典藏

第三章

神异感通

石窟中的感通壁画

佛教感通画[①]，也称佛教史迹画[②]，指的是佛教传播过程中具有神异、灵瑞性质的诸神造像、地点或不可思议现象的故事画。我们将其分为4个大类：瑞像画、神僧像、神异历史传说图和圣迹图。有一些佛教造像，因为传说能够显示灵验而闻名遐迩，被称为瑞像，并在其旁边专门书写题记，以辨明身份；另外，还有一些笃信佛法的统治者、著名僧人甚至佛教圣地，也被神秘化，产生一些神异传说或故事，这些都是佛教感通画的重要组成部分。

① 本章所用“佛教感通画”的概念，源自张小刚的观点，见其著作《敦煌佛教感通画研究》，甘肃教育出版社，2015年，第1页。
② 史苇湘撰“佛教史迹画”词条，见《敦煌学大辞典》，上海辞书出版社，1998年，第152页。

第一节 瑞像壁画

瑞像图包括瑞像尊像图和瑞像故事画，绘制的是在佛教文献中具有神异、灵瑞性质的诸神祇造像，其被称为瑞像或灵像。正如张广达、荣新江先生所指出："瑞像随佛像的产生而产生，但又与大量存在的一般佛教造像不同。在佛教徒心目中，凡被称为瑞像的应是释迦真容或圣容的摹写，至少是和释迦以及其他神祇或圣者的某些灵迹，例如放光、飞来等联系在一起。真容或具有灵异，这不妨说是瑞像所以成为瑞像的必须具备的条件。"① 巫鸿先生也认为"从本质上说，瑞像图是一种图像的图像，是一种对经典表现得再表现"。② 因此，可以说瑞像图是中古时期佛神信仰深化的表征之一③，比一般的佛教尊像画具有更深层的含义。

一、瑞像尊像图

最早的瑞像图是莫高窟北魏第254窟主室西壁所绘的"白衣佛像"（图3-1）。壁面中央绘一结跏趺坐佛，束发髻，面相丰圆，左手屈肘下把袈裟，右手于胸前施无畏印，着通肩式袈裟，衣纹繁密厚叠，身后有素色头光与背光，其外为尖拱形

① 张广达、荣新江：《敦煌"瑞像记"、瑞像图及其反映的于阗》，见《敦煌吐鲁番文献研究论集》第三辑，北京大学出版社，1986年；收入同作者著《于阗史丛考》，上海书店出版社，1993年，第212—229页。

② ［美］巫鸿：《再论刘萨诃——圣僧的创造与瑞像的发生》，见《礼仪中的美术——巫鸿中国古代美术史文编》（下卷），生活·读书·新知三联书店，2005年，第418—430页。

③ 张弓：《晋唐佛教瑞像崇拜》，见《唐代的历史与社会——中国唐史学会第六届年会暨国际唐史学会研讨会论文选集》，武汉大学出版社，1997年，第409—418页。

龛，龛外绘龛柱、龙首龛梁，佛龛纹饰由联珠纹、几何纹、卷云纹及龛外的火焰纹构成，佛像通身为白色，发髻为蓝色，身后佛龛以石绿为主，配以蓝、绿、红、白。我们根据形象特征称此为白衣佛。学术界对此说法不一，有的学者认为其为白氎释迦像[①]，有的学者认为其为弥勒瑞像[②]，还有的学者认为是涅槃的题材[③]，更多

上：图 3–1　白衣佛像 北魏 莫高窟第 254 窟 主室西壁

右：图 3–2　瑞像画 中唐 莫高窟第 231 窟 主室龛顶四披

① 谢生保：《莫高窟最早的白衣佛说法像》，见谢生保、凌云编著《敦煌艺术之最》，甘肃人民美术出版社，1997 年，第 222—224 页。
② 王惠民：《白衣佛小考》，见《敦煌研究》，2001 年第 4 期。
③ 赖明举：《以敦煌造像看北朝佛教由涅槃“白衣佛”到华严“卢舍那佛”的转变》，见《丝路佛教的图像与禅法》，圆光佛学研究所，2002 年。

左：图 3-3　摩伽陀国放光瑞像图 中唐 莫高窟第 231 窟 主室龛顶北披

右：图 3-4　摩伽陀国放光瑞像图 中唐 莫高窟第 237 窟 主室龛顶北披

学者则认为是根据《观佛三昧海经》[1]所绘制的天竺那乾诃罗国佛影像。[2]

莫高窟瑞像尊像画开始流行是在中唐时期。例如莫高窟第231窟（图3-2），开凿于吐蕃时期，曹氏归义军后期、清代重修。由前室、甬道、主室几部分组成，主室为覆斗形顶，西壁开一帐形龛。在主室龛顶四披绕龛顶一周绘制瑞像画。内容丰富，包含的题材约37种，区域包括天竺、于阗、河西、江南等地。与此相类似的还有第237、236、53、449窟，都有这样的题材大量出现，下面我们列举几幅最具代表性的图像。

摩伽陀国放光瑞像图

莫高窟中唐第231窟主室龛顶北披北起第12格内（图3-3），绘制一结跏趺坐佛像于石台上，头戴三珠宝冠，头后有水波纹头光，面相椭圆，眉眼低垂，人中较长，脖子有唐代造像最典型的三道褶皱，双耳垂肩，戴耳环、项圈、臂钏及腕钏，双手于胸前作说法印。身着偏衫式袈裟，座下石台突出的地方绘制两身戴三珠宝冠的菩萨胸像。南侧榜题“中天竺摩加陀国”；右侧榜题“放光瑞像”。题记合为“中天竺摩加陀国放光瑞像”。

莫高窟中唐第237窟的同样位置也绘制一铺这个题材的瑞像图（图3-4），佛像面相方圆，眉眼细长，头戴宝冠，顶有女相菩萨面，两侧有流苏垂下，身后有圆形头光及背光，戴项圈、臂钏和腕钏，着右袒式袈裟，结跏趺坐于石台之上，石座下也有两幅头戴三珠宝冠的菩萨胸像。北侧存榜题“中天竺摩加陀国放光瑞像”。与上一铺图有所不同的是其左手手心朝上置于腿上，右手向下施降魔印，这种手印及头顶的菩萨像、台座下的两身菩萨像都是早期“摩伽陀国放光瑞像”较为典型的特征和造型方式。

---

① 据东晋佛陀跋陀罗译《佛说观佛三昧海经·观四威仪品》记载：释迦文佛踊身入石，犹如明镜人见面像。诸龙皆见佛在石内，映现于外。尔时诸龙合掌欢喜，不出其池，常见佛日。尔时世尊结跏趺坐在石壁内，众生见时，远望则见，近则不现。诸天百千供养佛影，影亦说法。

② 贺世哲：《敦煌莫高窟北朝石窟与禅观》，见《敦煌研究文集》，甘肃人民出版社，1982年，第122—143页。[日]滨田瑞美：《关于敦煌莫高窟的白衣佛》，见《敦煌研究》，2004年第4期。

摩伽陀国观世音菩萨图

莫高窟中唐第231窟北披绘有一铺摩伽陀国观世音菩萨图（图3–5），菩萨赤足立于莲台之上，面相丰圆，眉眼细长，头戴三珠宝冠，头后有两层头光，双耳垂肩，戴耳环、项圈及腕钏，上身半裸，有帔巾从左肩斜披下来，有双色飘带绕臂垂下，下身着黑色贴体长裙，有淡绿色腰带在前挽起一结。有四臂，左右上手各举月、日，其下右手于胸前施说法印，左手下垂执净瓶。右侧榜题为“天竺摩加国观世音菩萨”。画面顶部还绘有中心有莲花，边沿有摩尼宝珠，下垂联珠流苏的华盖。这里的摩加国就是摩伽陀国，又作摩揭陀国。[1]

犍陀罗国分身瑞像图

分身瑞像，即双头瑞像。在莫高窟中唐第237窟主室龛内西披中央，即南起第7格就有一铺此题材瑞像（图3–6）。画中一佛赤足立于双层仰覆莲座之上，双头四臂，面相饱满，嘴角含笑，束发髻，头后有一圆形头光，其上有一华盖，装饰有火焰宝珠、宝珠铃铛垂幔。中间两手于胸前合掌，另两只手垂于身侧作与愿印。莲座两侧各跪一身着吐蕃服装的供养者。右侧题记为“分身瑞像者，乹陀逻国贫者二人出钱画

图3–5　摩伽陀国观世音菩萨图 中唐 莫高窟第231窟主室龛顶北披

① 张小刚：《敦煌佛教感通画研究》，甘肃教育出版社，2015年，第31页。

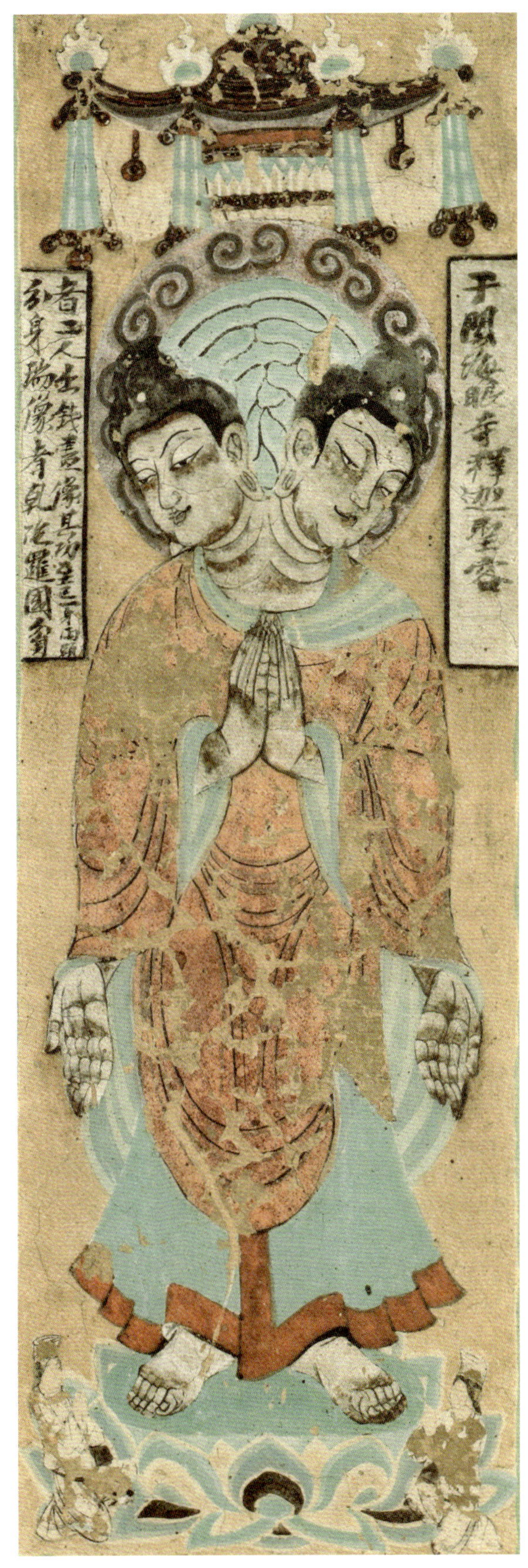

图 3-6 犍陀罗国分身瑞像图 中唐 莫高窟第 237 窟主室龛内西披中央

像，其功至已，一身两头”[①]。这种题材在敦煌流行的时间也较长，在榆林窟、东千佛洞的西夏时期也出现过。

毗沙门天王与吉祥天女像

在有关于阗国的瑞像画中，有很重要的一部分是神王类题材。例如在莫高窟吐蕃统治时期（中唐），第 154 窟南壁金光明经变西侧条幅内有两个画面：上排为毗沙门天王与观世音菩萨相对而立；下排为毗沙门天王与天女相对而立，榜题为“毗沙门天王”（图 3-7）。图中天王着吐蕃武士常穿的长身甲，戴宝冠，背后有弯刀伸出，腰中佩剑，目光如炬，不怒自威，左手托塔，右手执戟，足踏彩云，双足间有一半身的大地仙女。天女形象有两种说法，其一为勃伽夷城瑞像，头戴宝冠，身穿王服，脚踏宝山。[②] 其二为披红巾，着大袖袍的吉祥天女，左手结说法印，右手作与愿印，脚下堆诸宝。[③] 笔者较为倾向第二种说法。

① 敦煌遗书中也有关于此瑞像故事的记录：“分身像者，中印度境犍驮逻国东大窣堵波所，有画像一丈，胸上分现，胸下合体。有一贫女，将金钱一文，谓旨（曰）：‘我今图如来妙相。’匠工取钱，指前施主像示，其像遂为变形。”张小刚：《敦煌佛教感通画研究》，甘肃教育出版社，2015 年，第 61 页。

② 据《大唐西域记》记载，于阗王从迦湿弥罗国请佛至于阗，像至勃伽夷城不动，于是国王就在此地修建佛寺供养此像。同时自己舍王冠、袍服于此像，推测于阗与敦煌临近，因而传说流传至此。见《中国石窟·敦煌石窟》第四卷，“内容总录”，文物出版社，2014 年，第 223 页。

③ 这两铺画面与义净译《金光明最胜王经》中的吉祥天女、多闻（毗沙门）天王有关，与坚牢地神及观自在菩萨记载有关。出自张小刚的观点，见《敦煌佛教感通画研究》，甘肃教育出版社，2015 年，第 177 页。

二、瑞像故事画

阿弥陀佛五十菩萨图

瑞像故事画最早出现于初唐。如莫高窟第332窟主室东壁门的南侧，绘一莲池，池中绘“一佛五十菩萨各坐莲花，在树叶上”的情境（图3–8）。中央阿弥陀佛像占据画面二分之一高度，面相长圆，束发髻，着通肩式透明僧衣，鼓胸细腰，身材修长，双手于胸前施说法印，结跏趺坐于莲台之上。其头后有三层素面头光，外有火焰纹，头光后为带花卉纹饰的椭圆形背光。其两侧各有一衣饰华丽呈“S”形站立的胁侍菩萨，立于莲花座上。周围有供养菩萨约五十身，或交脚而坐，或跪于莲座上，以中间莲茎为主干而分出若干枝茎，由此为众菩萨生发出许多莲花座。

莫高窟盛唐的第23窟、171窟，以及初唐、盛唐时期的四川、河南等地，也出现一些相关题材作品，由此说明了这一题材在当时的流传范围及流行程度。[①]

憍赏弥国优填王造旃檀佛像故事画

与憍赏弥国优填王以及憍萨罗国波斯匿王有关的故事都记录在《观佛三昧经》《大唐西域记》《法苑珠林》等书中，讲述的是佛上天为母说法，憍赏弥国优填王笃信如来，于是请大目犍连以神力将工匠接入天宫，亲观佛容后，雕刻旃檀佛像，在佛返回时，檀像起迎世尊的故事。[②]

莫高窟中唐第231窟已经出现了此题材，但就如同克孜尔石窟菱格中的佛教故事画一样，仅仅选择最具代表性的情节绘制于窟顶西披一角（图3–9）。在西披北端斜角的位置，绘制一高大的立佛从天而降，躬身合掌，其背后有一淡绿曲线象征乘祥云而

左：图3–7 毗沙门天王与吉祥天女像 中唐 莫高窟第154窟南壁

① 王惠民：《一佛五十菩萨图源流考》，见郑炳林、花平宁主编《麦积山石窟艺术文化论文集——2002年麦积山石窟艺术与丝绸之路佛教文化国际学术研讨会论文集》（上册），兰州大学出版社，2004年，第529—545页。

② 张小刚：《敦煌佛教感通画研究》，甘肃教育出版社，2015年，第9页。

图 3–8　阿弥陀佛五十菩萨图 初唐 莫高窟第 332 窟 主室东壁门南侧

图 3–9　憍赏弥国优填王造旃檀佛像故事画 中唐 莫高窟第 231 窟 窟顶西披一角

图 3-10　憍赏弥国优填王造旃檀佛像故事画（一弟子背负四工匠上天宫）晚唐 莫高窟第 340 窟

图 3-11　憍赏弥国优填王造旃檀佛像故事画（目犍连自天宫返回）晚唐 莫高窟第 340 窟

下，前方有榜题“时佛从天降下其檀”，下方三角形画面中胡跪一佛，双手合十礼佛，前方有榜题“像乃仰礼拜时”，两画面中间有菱形图案的边饰隔开。此图表现的是檀像迎佛的场景。[①] 到晚唐时期，这种瑞像故事画更加丰富，用类似连环画的形式呈现出来。例如第 340 窟的憍赏弥国优填王造旃檀佛像故事画，画面分为四个部分：第一幅为一弟子背负四工匠上天宫（图 3-10）；第二幅为目犍连自天宫返回（图 3-11）；第三幅为佛乘祥云而下，左手抬于胸前，右手施无畏印，前方跪坐一佛，双手合十，表现檀像礼拜世尊的场景（图 3-12）；第四幅一佛乘云而下，一佛伏跪于前方，表现佛为檀像授记的场景（图 3-13）。

① 孙修身：《莫高窟佛教史迹画介绍（一）》，见敦煌研究院编《敦煌研究文集》，甘肃人民出版社，1982 年，第 332—353 页。

左：图 3-12 憍赏弥国优填王造旃檀佛像故事画（檀像礼拜世尊的场景）晚唐 莫高窟第 340 窟

上：图 3-13 憍赏弥国优填王造旃檀佛像故事画（佛为檀像授记的场景）晚唐 莫高窟第 340 窟

文殊赴会图（新样文殊）

从五代起，文殊赴会图出现了许多新的组合样式，如骑狮文殊与于阗国王、善财童子、佛陀波利、文殊三尊或五尊像。[①]莫高窟第 220 窟虽然开凿于初唐，但其甬道的壁画绘制于五代，在其甬道北壁中间是一铺文殊赴会图，即新样文殊（图 3-14）。主尊文殊菩萨正面半跏趺坐于狮子背上，头顶有摩尼宝珠华盖，背后有三层圆形的头光及背光，并向外散发出道道光芒。文殊菩萨左手手心向上放于胸前，右手持如意，榜题为“南无大圣文殊师利菩萨”。狮子头前方是一合十而立的善财童子，狮尾是一牵狮的于阗国王，络腮胡，头戴红锦风帽，身穿圆领红袍，榜题为“大圣感得于阗普观受持供养……国王于……时”。上述画面都在祥云之上，下方中间为红底墨书发愿文榜题，两侧各跪一身双手托盘的供养菩萨。

① 沙武田：《敦煌画稿研究》，中央编译出版社，2007 年，第 155—172 页。

图 3-14 文殊赴会
图 五代 莫高窟第
220 窟 甬道

第二节

佛教圣迹

我们这里所说的“圣迹”，既包括释迦牟尼曾经活动过的场所，如初转法轮地鹿野苑、涅槃地拘尸那城等，同时也包括佛教史上的著名圣山、圣河、灵池，以及寺院、灵塔等。在佛教文献中，被称为“圣迹”，一定是在佛教史上发生重大事件或神异故事的地点。[①] 因此，“地点”也成为确定圣迹图题材的标准。敦煌石窟的圣迹图通常有三种形式：其一为屏风式；其二为经变式；其三为圣迹式。[②]

摩揭陀国五分法身灵塔图

早期最为精彩的一铺圣迹画是莫高窟北周第428窟西壁中层的摩揭陀国五分法身灵塔图（图3-15）。[③] 画面中间是一顶天立地的大塔，其周围有四小塔，左右各有两身胁侍菩萨，大塔顶部为覆钵顶及塔刹，塔刹顶挂幡，两侧各有一身飞天扬手向中间抛撒鲜花。大塔最上层立一金翅鸟；第二层为一佛二菩萨像；第三层为释迦降生图；最底层为四力士。根据《大唐西域记》卷八“摩揭陀国”的记载，我们认定其为摩揭陀国五分法身灵塔图，但也有学者将其定名为金刚宝座塔。[④]

---

① 唐代义净撰《大唐西域求法高僧传》中记载自己，“乃遍礼圣迹，过方丈而届拘尸，所在钦诚，入鹿园而跨鸡岭，住那烂陀寺，十载求经，方始旋踵言归”。

② 敦煌研究院编：《敦煌石窟全集·佛教东传故事画卷》，香港商务印书馆，1999年，第185—187页。

③ 施萍婷：《关于莫高窟第四二八窟的思考》，《敦煌研究》，1998年第1期。

④ 敦煌研究院编：《中国石窟·敦煌莫高窟》第一卷，文物出版社，2014年，第223页。

图 3-15 摩揭陀国五分法身灵塔图 北周 莫高窟第 428 窟 西壁中层

图 3-16　文殊变下部的两幅五台山图 中唐 莫高窟第 159 窟 西壁龛外北侧

五台山图

在敦煌佛教艺术史中，最著名的圣迹莫过于五台山。五台山又名清凉山，在今天山西省五台县的东北方向。方圆500里，有5座高峰矗立，峰顶平坦宽阔，故称五台山。由于五台山一直被认定是文殊菩萨的道场[①]，北魏以来就深受佛教徒景仰膜拜，因此山中修建了很多寺院，北魏时的大孚寺、清凉寺和佛光寺等，北齐时期寺院增至200余座，隋朝又在5个台顶各建一寺。五台山图的出现始于唐代，龙朔年间（661—663）有沙门会赜创制了五台山图小帐，随即“广行三辅”[②]。824年，吐蕃遣使向唐王朝求“五台山图”，之后“五台山图”传入河西。莫高窟现存最早的“五台山图”是绘制于唐开成年间（836—840）的第159、361窟的屏风画，到了五代，简单的屏风画已发展成为内容丰富的通壁巨构。[③]

屏风式最典型的例子是莫高窟中唐第159窟西壁龛外北侧，文殊变下部的两幅五台山图（图3-16）。左侧为第一幅，上部是群山，有祥云环绕，两侧圆光中有供养形象，画面以山脚下一寺院建筑为中心，当中是正殿，两侧有楼阁相望，寺院外是崎岖的山路，有佛塔、禅窟、金桥、伏虎，还有参禅的比丘；右侧屏风顶部也是天空祥云，但画面正中，高耸的峰顶上，由云端化现出骑狮的文殊菩萨，两侧圆光中有供养形象，山中有寺院、佛塔，还有上山朝拜的僧俗信徒。两幅图笔法自由、轻松简约地表现出五台山朝拜文殊菩萨的场景，色彩也是以中唐时期流行的土红、绿色为主的色调。

莫高窟最精彩的圣迹画，即五代第61窟主室西壁的一铺整壁的《五台山图》，绘制于曹氏归义军前期，既是一幅佛教圣迹画，又是一幅全景式的历史地图。壁画面积40余平方米，画面规模宏大，山峦起伏，庙宇屋舍，河流蜿蜒，道路纵横，并穿插了各种

---

① 《大方广佛华严经》卷二十九谓文殊菩萨住清凉山；《文殊师利法宝藏陀罗尼经》也有相关记载；唐代僧人道世、法藏、澄观等也有相关论著，称清凉山即是山西五台山，为文殊菩萨的道场所在。

② ［唐］慧祥撰：《古清凉传》卷下，见《大正藏》第五十一册，第1098页。

③ 敦煌研究院编：《中国石窟·敦煌莫高窟》第五卷，文物出版社，2014年，第217页。

图 3-17 《五台山图》(局部) 五代 莫高窟第 61 窟 主室西壁

感应故事、圣迹、瑞像、神僧说法，以及商贾、行旅的情节，描绘了东起河北正定，西至山西太原，方圆数百里的圣景。图中五台并峙，正中榜题“中台之顶”，两侧有“南台之顶”“东台之顶”等 4 座高峰。五台之间遍布大大小小 70 余处寺院、佛塔。在画面上部画众菩萨、阿罗汉赴会、云中化现龙王、毒龙、毗沙门、云中化现金佛头等神异感应场景，下部画了镇州（今河北正定）城、太原城和五台县城。期间描绘自然景观和风土人情，诸如朝山、送贡、行脚、商旅、饮畜、推磨等生活场景，形象生动，富有浓厚的生活气息。

我们择取其中一个部分加以解读。例如画面最北部，画东台，山上分布着众多小型寺庵，又有多座僧人修行的草庐。其中的玉花之寺，院落布局简单，其前方为一大型寺院，规模与大法华寺相仿，唯后廊正中建一单层佛殿，院内精细地描绘了僧人诵经及信士礼拜的场景。山中屡见佛塔，图中形制较大的有阿育王瑞现塔，下有须弥座、覆钵式塔身，开双龛，上有两层塔檐，塔顶有相轮和宝珠，有链垂至塔檐。在画面上部天空中，有菩萨一千二百五十现、功德天女现、金色世界现等诸般瑞现（图 3-17）。

八大灵塔变

佛教将释迦牟尼一生发生的八个重大事件的地方所建的宝塔称之为“八大宝塔”。莫高窟宋

图 3-18 八大灵塔变（第一塔释迦牟尼降生、第三塔鹿野苑初转法轮）宋 莫高窟第 76 窟 主室东壁

图 3-19　八大灵塔变（第五塔祇园精舍、第七塔猕猴奉蜜）宋 莫高窟第 76 窟 主室东壁

初第 76 窟主室东壁的八大灵塔变不仅绘制精美，同时也极具特色。此窟四壁壁画下部俱已损毁，仅留上部自南向北第一、三、五、七塔，分别为：释迦牟尼降生第一塔，鹿野苑初转法轮第三塔，祇园精舍第五塔，猕猴奉蜜第七塔。每铺画面都有较为详尽的塔前墨书榜题，介绍佛经中所记述的此壁画故事内容。在第一铺壁画，我们看到塔中有释迦牟尼在树下诞生，而且还有步步生莲和龙王灌顶的场景。宝塔右侧画净饭王捧太子请相师占卜，其下画太子半夜逾城；左侧画车匿奉宝珠和马一起辞别太子、太子雪山落发，宝塔上方画六年苦行和尼连禅河洗澡。画面虽然内容繁复，但绘制简洁，人物衣饰多呈现异域特征，上身半裸，着犊鼻裤，应该是仿照佛经原著中异域人的形象。第三铺画面表现释迦成道后鹿野苑初转法轮的场景，题榜两侧各卧一鹿，塔左右两侧分别绘文殊赴法会、普贤赴法会，右下角画受佛教化的五人，左下角也绘制五比丘尼闻四谛法轮（图 3-18）。

门北侧的第五塔，绘制在祇园中释迦牟尼与诸外道议论的场景；第七塔中画有释迦、阿难和菩萨，以及猕猴借钵采蜜来奉献世尊的场景，塔右侧画猕猴采蜜，献蜜后手舞足蹈而后坠入井中，左侧画菩萨声闻及众比丘从佛会等情节（图 3-19）。整铺画面仿照佛教故事画的设计，将故事诸多情节一一呈现于佛塔内部及其周围，这种以地点或者标志建筑为中心，正是佛教圣迹画区别于一般故事画的重要标志。

第三节

史迹故事

这里所说的佛教史迹画，主要是指有关神异的历史传说故事画。佛教信徒为了传播佛教的需要，会将一些佛教灵异事件编造或附会于历史传说，或历史上真实存在的著名人物或事件中，这些故事中以虚构的成分居多。

莫高窟初盛唐时期的第 323 窟是留存史迹壁画最多的一窟，南北壁中段绘制了整壁的佛教史迹画。南壁西端是石佛浮江的故事；中段是阿育王金像的故事；东端是昙延法师入朝的灵瑞故事。北壁东端是康僧会感应故事、诸高僧弘法的故事；中间是释迦浣衣石与晒衣石的灵异故事；西端是汉武帝得祭天金人而祀于甘泉宫，以及张骞出使西域的故事。

此窟史迹故事画最精彩的地方在于，它不同于北朝时流行的连环故事画，也不同于唐代开始出现的屏风故事画，而是运用中国长卷山水画的构图，将故事徐徐展开，由远及近地通过山峦起伏将故事的不同场景分开，并配置水面、塔庙、台地、船只等做布景，描绘故事情节，同时在每个场面均书榜题，介绍故事梗概，有时也会标记主要人物的名号。这些山川、河流向远处绵延，与遥远天际所绘的群山巧妙地结合，将近大远小的透视关系呈现出来。两铺壁画皆铺陈出宏大的山水图景，不施墨线，仅以淡色晕染，山顶淡绿、山腹褐色，山崖以褐色与淡墨色晕染，表现出岩石的重叠和山峦的苍茫，体现出这一阶段山水画已经对“千里江山”场面有较为熟练的把控能力。

石佛浮江故事画

石佛浮江故事画（图 3-20）是一幅完整的山水画。远处群山连绵起伏，人物及故事都分布于山水河流之间。讲述的是西晋时维卫、迦叶两石佛像浮于吴淞江沪渎口，巫、道弟子来迎接时惊涛骇浪，最后由佛教僧徒将像迎至通玄寺供养的故事。[1]此铺壁画主要有三个情节：画面右上方，在江水之上浮立两佛，岸边有僧俗七人，皆甚为惊奇，有跪拜者，有作揖者，有交谈者。在二佛旁标记佛名，其下有榜题："此西晋时有二佛浮游吴江松（淞江），波涛弥盛，飘飘逆水而降，舟人得接，其佛裙上有名号，第一维卫佛，第二迦叶佛，其像见在吴郡供养"。正下方的内容是僧众以舟载二佛而归，岸边僧众、妇孺也都纷纷前来往迎、跪拜。二佛下方有榜题："灵应所之不在人是有，有信佛者以为佛降，风波遂静，迎向通玄寺供养，迄至于今"。画面右下方是一人岸边跪坐，前面扬幡设醮，其后两人跪拜合十。下方立正在交谈的两人，有山石遮挡露上半身。中间榜题："石佛浮江，天下希瑞，请□□□谓□道来降，章醮迎之，数旬不获而归"。

汉武帝得祭天金人及张骞出使西域故事画

汉武帝得祭天金人而祀于甘泉宫，以及张骞出使西域的故事（图 3-21），都是史籍上记载的事，但祭天金人并未指出是佛像，张骞出使西域本意是为了贯彻汉武帝联合大月氏抗击匈奴之战

① 故事载于《高僧传·惠达传》卷十三；《集神州三宝感通录》卷中，见《大正藏》第五十二册；《法苑珠林》卷十三等书。

图 3-20 石佛浮江故事画 初盛唐 莫高窟第 323 窟 南壁

略意图，出使西域后也带动了汉夷文化的频繁交往，为后世开辟通商的丝绸之路立下了不朽功勋，但这些史实与佛教并无关联，佛教史迹画多是为了宣扬佛教而杜撰出一些情节安置于真实的历史故事之中。画面右上部画一殿堂，内置二佛像，殿堂正面阑额匾牌上书“甘泉宫”。殿前榜题已漫漶。下方画武帝与众臣持香炉、执笏跪拜礼佛，榜题为：“汉武帝将其部众讨匈奴，并获得二金（人），长丈余，列之于甘泉宫，帝为大神长行拜谒时”。下方绘制华盖下骑马的帝王，后有众臣跟随，其左侧有榜题书：“前汉中宗既获金人，莫知名号，乃使博望侯张骞往西域大夏国问名号时”。榜题旁画张骞执笏跪拜辞别中宗，后有随从牵马持节。左上部画张骞一行在西行路上，远处有一城郭，有二比丘立于城门外，城内有佛塔，榜题：“□大夏时”。绘制张骞一行来到大夏国礼佛塔的情景。

图 3–21　汉武帝得祭天金人而祀于甘泉宫及张骞出使西域故事画 初盛唐 莫高窟第 323 窟 北壁西侧

第四节

壁绘神僧

神僧，是指在历史上赫赫有名，且具有神异能力的僧人。敦煌壁画中有很多关于佛图澄、康僧会、昙延、刘萨诃、安世高、僧伽、玄奘等著名僧人的瑞像及神异故事画，多以《高僧传》《法苑珠林》《集古今佛道论衡》《集神州三宝感通录》等文献中的记述为基础。

昙延神异故事

莫高窟第323窟南壁东端绘制的昙延神异故事画（图3-22），讲述隋开皇六年，天下大旱，皇帝先请300僧人于正殿祈雨，累日无应，于是请大昭玄统昙延登御座南面授法，文帝及五品以上朝臣北面席地受戒，“授记才讫，天有片云须臾遍布，便降甘雨”，后昙延法师又为文帝讲说涅槃经疏，后塔中舍利三日三夜熠熠闪光。

画面将故事分为四个情节处理。左下方画一山路，一高僧端坐于肩舆中，数名轿夫弯身抬行，其侧有榜题“帝迎法师入朝时”。右下方画一僧人背草庐合十而立，前方立一君王，合十作礼，后有王后及四随从，撑华盖，榜题：“随（隋）开皇六年，天下亢旱，雩神不应，帝以问法，言斯国有何不善令，延法师遂将王于太兴殿受栽（戒）八，天下风雨顺时”。左上方画宫殿内有一僧人坐高座之上，殿前阶下一帝王率群臣属五人跪拜施礼，此时天空乌云密布，大雨将至，旁边有榜题书：“□□□□□□延法师，□□□□□□□帝受，□□□□□□宫于殿，□□□□□□讫云雨，降至天下并足”。右上方画一

图 3–22　昙延神异故事画 初盛唐 莫高窟第 323 窟 南壁东端

大帐中，一僧人坐高台上，前面一帝王坐胡床上恭敬地聆听，身后立有五侍从，帐外一舍利塔大放光焰，榜题为“延法师于塔前与文帝说涅槃经，并造疏论讫感舍利塔三日放光”。

佛图澄神异故事

莫高窟第 323 窟北壁东侧的佛图澄神异故事也很精彩，讲述的是神僧佛图澄能“听铃声以言凶吉，莫不悬验”，不仅预知到幽州将被天火所烧，还能在远方用杯中酒灭火的故事（图 3–23）。[1]

① ［唐］房玄龄等撰：《晋书·佛图澄传》（卷九十五），中华书局，1974 年，第 2485—2490 页。

图 3-23　佛图澄神异故事 初盛唐 莫高窟第 323 窟 北壁东侧

画面由4个情节构成。正下方是一僧人坐水边，上身赤裸，右手将腹中肠子引出，就水而洗，榜题已漫漶。右侧中部是一帝王端坐胡床之上，左右有臣属7人，前方一僧扬起手来，手中乌云飘至远方，下方有榜题："幽州四城门被天火烧，□澄法师与后主说法之次，忽□惊愕，遂即索酒，乃于东方洒之，其酒变为大雨，应时而至，其火即灭，雨中并有酒气"。乌云所至的左上角，有一处城郭，城中起火，烈焰升腾。右上角绘制山中一座七层楼阁式佛塔，塔左侧立一人，合掌礼拜；塔右侧立5人，一僧立于中间，其前后各有一宽袍大袖者和一侍从。这一情节因榜题漫漶而不得而知，似表现佛图澄能听铃音，辨凶吉。这一情节应属故事初期，其所在位置又不符合故事画情节连贯的特点。

玄奘取经图

绘制于榆林窟西夏时期第3窟西壁门南的普贤赴会图南侧的玄奘取经图（图3-24）是另一铺精彩的神僧故事画。画中的山崖旁，站立一面向普贤菩萨躬身施礼的行僧，即玄奘，有圆形头光，身体周围有祥云环绕，身后

左：图 3–24　玄奘取经图 西夏 榆林窟第 3 窟 西壁门南

上：图 3–25　玄奘取经图 西夏 榆林窟第 2 窟 西壁北侧

是猴头人身的行者，也合掌施礼，其身侧是驮负佛经的白马。玄奘师徒取经归来，皆着短衫，扎裤腿，穿麻鞋，马背上有莲花宝座，座上佛经散发出神光。这是一个我们都耳熟能详的佛教传说故事。整铺画波澜壮阔，技法纯熟，线条运用灵活多变，从玄奘取经这一小部分来看，画中的山石运用了南宋山水中较为典型的大斧劈皴，表现其质地坚硬、棱角分明；同时又运用牛毛皴绘制出波涛汹涌、苍茫幽远的山林、水面；人物及马匹又运用铁线描，笔线紧劲，运笔顿挫曲折，刻画生动形象。

榆林窟西夏时期第 2 窟，也有一铺绘制于西壁北侧水月观音右下角的玄奘取经图，其人物形象、绘画风格都与上一铺迥然不同，色彩艳丽，且多晕染，玄奘身形丰满，着宽袍大袖的僧衣袈裟（图 3–25）。石窟壁画中的玄奘取经图，留存至今的最早的是西夏瓜州地区的 5 铺，以及文殊山石窟后山古佛洞里的一铺，它们多绘制于观音经变或普贤赴会图的下部，风格与榆林窟第 2 窟较为接近。这一题材的出现与南宋、金、元时期杂剧、古本的记载有关，明代小说《西游记》，也是在此基础上，加入更多民间传说创作而成的。

小结

感通壁画主要出现在敦煌石窟壁画中，囊括的内容范围非常广，并多以文学故事的形式进行阐释，让我们感受到一种和佛经中记述的佛教故事画所不同的心境。它们或上下交错、自由分布，或以山水、建筑为背景，为我们呈现如唐代青绿山水、人物画一样的艺术效果。这些画的题材同样也是唐王朝及五代、宋各朝，通过河西地区同西域、中亚、印度之间友好往来和文化交流发展的结果。而且它还有着明晰的发展演变过程：初唐是以宏大的画面呈现汉至隋时期佛教史上的重要事件和高僧事迹；中唐时，由于吐蕃占领的历史史实，画面内容出现了一些用瑞像形式表现的印度和于阗佛教故事，但很少表现情节，位置也多分布于佛龛盝顶四披；晚唐五代的故事题材增加了很多，既有构图复杂的多个故事画组合版，也有诸多瑞像整齐排列版，极具特色；宋代的画面再次占据整铺大型经变画的位置，但西夏占领瓜、沙二州后，这类题材就在敦煌壁画中渐渐消失了。[①]

其实佛教石窟里的诸多壁画题材，在朝代的更迭中所反映的艺术趣味与审美风格的转变，并不在艺术本身，归根结底仍是来自于社会生活。感通故事和其他佛教艺术一样，它的创作主体和主题都是发心于对宗教的信仰与崇拜，但在这些大量虚构的理想境界里，又潜移默化地渗透着现实的场景和世俗的温度，为我们揭示了那个时期社会的风貌和生活的气息。无论是张骞出使西域时的跋涉艰辛，或是玄奘取经路上的灵异幻境，

① 敦煌研究院编：《中国石窟·敦煌莫高窟》第四卷，文物出版社，2014 年，第 212 页。

还是如山水长卷般宏大、如地图般精确的五台山全景图，都让我们看到了古代艺术创作的最高水平。绘刻石窟的匠师们虽然地位低下、生活困苦，明知“身是自来奴，妻亦官人婢”，却保有对宗教的信仰和对艺术的热情，他们通过想象、理想化和精湛的艺术处理，把空前广阔的生活图景、灵异故事搬到了墙壁上，这也是为何时隔千年，我们依旧可以领略到那一抹神异的色彩和精神的荡涤。

中国
佛教美学
典藏

第四章

佛国之境

经变壁画

依据佛经绘制的主题绘画作品，我们通常称之为经变画。它不同于没有情节的尊像画和说法图，与情节生动、宣扬小乘佛教信仰的本生、因缘、戒律等故事画也有很大区别。绝大部分经变画都有与之相对应的佛经，如法华经变与《法华经》、维摩诘经变与《维摩诘经》等，但也有一些如“牢度叉斗圣变”“报恩经变”等没有对应的佛经而是源自于民间传说信仰的经变画。这种隋唐开始流行的佛教艺术表现形式，是当时人们宗教意识形态和现实生活的映射，是绘画艺术风格和艺术水平的呈现。经变画就如同绘画中的交响乐，其将人物画、山水画、花鸟画、建筑界画巧妙地融为一体，在绘画传世作品很少的唐代及之前，我们可以通过它了解不同画科的风格面貌、艺术成就，以及画面内容所反映出来的社会生活以及典章制度。

经变画兴盛于中原，但遗存较少，新疆地区也较为少见，敦煌石窟由此成为佛教经变画最丰富的宝藏。隋统一后，给各族人民带来了相对和平、稳定的生活，隋王朝的统治者提倡佛教，且大乘佛教在中国进一步繁荣，由此也带来了各种佛经信仰的流行，以及经变画艺术的高峰。

第一节

药师经变

“净土”即理想中的佛国世界，也称清净土、清净佛刹、净世界等。其在佛教典籍中常常被描述绘制得极其幸福祥和、欢乐美妙，是一个没有凡尘困扰、人性险恶与污浊的世外桃源，是佛教理论体系中相当重要的一个概念。净土思想源起于印度，但在印度的发展影响十分有限，却在中国得到了极大的发展，成为中国宗教意识形态领域一个重要的组成部分。早在两汉之际，关于净土思想的观念就随着佛教的东来传入中国；两晋时期，中土地区就已经开始有净土信仰者的出现。依据不同的净土经典，可呈现不同的净土变，较为流行的是东方药师净土变和与之相对应的包括无量寿经变、阿弥陀经变、观无量寿经变在内的西方净土变。

北朝至隋，药师佛信仰的表现形式为药师单尊像，进而发展为药师说法图，再发展为药师佛与其他佛、菩萨相组合的图像形式，也即药师经变画。在敦煌地区，后世的药师佛形象塑造一直延续着经变画这一形式，并从人物数量、艺术水准、规模、内容等方面不断丰富，一直延续到宋初及西夏，持续了上千年之久。

药师经变进入唐代以来，围绕着《药师经》的内容进一步展开，呈现细腻化、复杂化的趋势。与隋代相比，唐代的药师经变更着力于表现东方净土世界，呈现其欢愉和富庶，这是药师佛信仰的情感诉诸，更是抓住信众对于净土世界的渴求和向往。从初唐起，敦煌石窟中就开始出现和流行药师经变与西方净土变对应组合的配置。

莫高窟第220窟是初唐最壮观华丽的经变画窟。其中绘于北壁的药师经变，是莫高窟唯一的一铺有年代题记的药师经变，也是唯一以“药师七佛”并列为主尊的药师经变图（图 4-1）。该图绘于贞观十六年（642），其依据《佛说药师如来本愿经》画七身立佛，头顶绘有形态各异的精美华盖，身侧有八身接引菩萨；立佛两边立十二药叉大将，身穿甲胄，头戴宝冠，冠上分别配饰十二生肖头像；天空中有飞天翱翔，祥云映衬，前临曲池流泉，一派神圣祥和的气氛。七佛的下方是燃灯：灯台、灯架在正中，两具灯轮分左右，灯台七层，灯轮四层；灯台上无数盏灯已被点燃，而灯轮前有两位菩萨正往灯盏里加油，然后往灯轮上放，这正是在强调燃灯的仪式，因此在灯架的布置及点燃灯火的细节刻画上，不遗余力。下部的乐舞场面，分为左右两组，大型乐队伴奏，同时还各有一对舞者，东侧素裹白裙，西侧穿锦缎石榴裙，在小圆毯上跳胡旋舞。整铺壁画营造出灯火辉煌、歌舞升平的欢乐气氛，表现出东方净土世界的欢愉和富庶。第 220 窟是有名的“翟家窟”。据猜测，之所以选择画七身药师如来，与当年翟家有人患重病有关。[①] 其依据的佛经是达摩笈多所译的《佛说药师如来本愿经》。[②]

图 4-1　药师经变 初唐 莫高窟第 220 窟 北壁

① 施萍婷：《敦煌经变画》，《敦煌研究》，2011 年第 5 期。

② ［隋］达摩笈多译《药师经》有云：“若有患人欲脱重病，当为此人七日七夜受八分斋……四十九遍读诵此经，然（燃）四十九灯，应造七躯彼如来像……当造五色彩幡长四十九尺。”经文的最后，有十二药叉大将的表态：“我等眷属卫护是人，皆使解脱一切苦难，诸有所求，悉令满足。”《大正新修大藏经》第十四册，1983 年，第 550—551 页。

盛唐时期的药师经变在色彩运用上改变了初唐时土红与石绿较为鲜明的对比，大面积采用淡蓝色铺底，趋于素雅柔和。初唐的药师经变尚处于探索期，经过多年的发展，到了盛唐的石窟，已完全成熟，并奠定了后世药师经变的基本模式。

盛唐的莫高窟第 148 窟东壁的药师经变是莫高窟规模最大的一铺净土变相（图 4–2）。图中药师琉璃光佛居中，左右为日光和月光菩萨，其余的听法会众、神将列坐于两侧中央平台上。前台设乐舞表演，二人相对起舞，两侧各有一组十人乐队。平台均架于水池之上，周围环绕殿堂楼阁。中央平台的两侧，各有一个三开间的单层佛殿，殿堂四周不设门窗墙壁，可以看到佛殿的内柱，殿内为一佛二菩萨结跏趺坐。佛殿下有两重台基，台基旁边立朱栏。众多供养菩萨来往于台基上。下层台基的一侧有弧形踏道，台基的陡面由若干小方格组成，方格内装饰卷瓣莲花，富丽堂皇。净土变的两侧，各以竖条幅形式绘制屏风画，北侧画十二大愿，南侧画九横死。从此铺壁画中，我们可以感受到《佛说药师如来本愿经》中描绘的东方药师净土："琉璃为地，金绳界道，城阙宫阁，轩窗罗网，皆七宝成，亦如西方极乐世界……"又可以看到中原较为成熟的建筑界画技法在盛唐时期，已经盛行于敦煌地区，且技法已相当纯熟，既能准确把握单体建筑的透视技巧，又能呈现出一个院落的空间与进深，比例关系也掌握较好。

图 4–2　药师经变 盛唐 莫高窟第 148 窟 东壁北侧

盛唐是药师佛信仰发展的高峰，中晚唐和归义军统治时期，药师经变在敦煌石窟的数量剧增，表现形式也进一步丰富化和多样化，但艺术技巧和意境已不如之前那样精湛和辉煌，药师经变画已逐渐失去了盛唐时的灿烂之光。

龟兹地区的库木吐喇石窟第 16 窟主室北侧是这一地区仅有的一铺药师经变，也绘于唐朝（图 4–3），但已漫漶不清，仅能根据经变两侧所绘“十二大愿”的题记来辨认题材，绘画风格属于较为典型的汉风。在回鹘高昌时期的柏孜克里克石窟第 18 窟主室南壁也绘有一铺很有特色的药师经变（图 4–4），在形式上延续了唐代以来的经变图像形式，但与敦煌药师经变的宏大构图有许多不同之处。整铺壁画的色彩为高昌壁画中所流行的红绿配色，经变也依然是以药师佛为中心，前来听法的菩萨、弟子、药叉大将环绕四周，组成药师法会，下方绘有“大愿”和“横死”。佛身着红绿

图 4–3　药师经变 唐 库木吐喇石窟第 16 窟 主室北侧

相间的褒衣博带式服装，外披红色大方格袈裟。佛身后的头光与背光也是红绿为主，以不同形状的波折纹和圆点纹饰组合而成。佛座为六边形的束腰高叠涩台基，药师佛端坐莲台之上说法，左手施禅定印，右手施说法印。两侧六角形莲台上端坐日曜及月净菩萨（日光和月光菩萨）。药师佛及右侧菩萨头顶已损毁，左侧菩萨头后可见三色渐变式头光。佛座左右两侧各立四位胁侍菩萨，左侧菩萨身后又有十二位药叉大将，分三行排列，每行两男两女间隔站立，他们身穿广袖的汉式服装，男神双手执笏，女神拱手作揖。他们的头冠或发髻也分别配置十二生肖兽头像。这和莫高窟的造型特征较为一致，但目前并无文献表明此处十二药叉与十二生肖有何联系。[1] 其代表的应该是十二神王，各带领七千药叉眷属向药师佛述说誓言。[2] 佛座右侧菩萨身后为九曜星君。佛座下方画“大愿”和“横死”图30幅，每幅小画旁边有红地黑字榜题，榜题块内大都题写汉文，少数题回鹘文。与敦煌石窟中的药师经变相比，此铺壁画整体布局有所不同，布局更加严整紧凑，注重讲述佛经中的佛教义理及人物组合关系；敦煌石窟更倾向于呈现东方琉璃净土世界美妙、祥和的氛围，以及无以复加的幸福美满。

① 《敦煌石窟全集·弥勒经画卷》提出，图像的表现可能受到《大集经》卷二十三“虚空目分”的影响，经文指出：南方、西方、东方、北方的海中各有一山，山上有窟，是往昔菩萨的住处。南方琉璃山上有蛇、马、羊在窟中修行；西方颇梨山上有猴、鸡、犬在窟中修行；北方银山有猪、鼠、牛在窟中修行；东方金山有狮、兔、龙在窟中修行。

② 《药师琉璃光如来本愿功德经》，《大正藏》第十四册，第408页中。

图 4-4　药师经变 公元 12—14 世纪 柏孜克里克石窟第 18 窟 主室南壁

第二节

西方净土变

西方净土变相是中国佛教美术史的主要经变题材之一，它的内容十分丰富，形式也特别多样。甘肃天水麦积山西魏第127窟右壁龛上的西方净土变，是目前发现最早的净土变壁画（图4–5）。[1] 另外，现存于美国弗利尔美术馆，凿刻于北齐时期的南响堂石窟阿弥陀佛净土图也是早期此类题材的精彩作品。但这一题材经变画的兴盛还是在唐代，它的绘制是依据《无量寿经》《阿弥陀经》以及《观无量寿经》净土三经的经文内容来创作的，因此通常也分为无量寿经变、阿弥陀经变、观无量寿经变三类净土壁画，所表现的都是阿弥陀佛的“功德庄严”，因阿弥陀佛在西方，故而统称西方净土变。

这三类净土变的区别在于：①无量寿经变最大的特点就是，画面中除了有对西方净土“无尚庄严”的表现外，还表现“莲花化生”的内容；②阿弥陀经变中一般较少有“化生”的表现，而是着重描绘美好祥和的净土极乐世界；③观无量寿经变最大的特点在于画面表现上多了“未生怨”和“十六观”的内容，这是其他两类西方净土变所没有的。

敦煌莫高窟第220窟南壁贞观十六年（642）的通壁巨幅阿弥陀经变（图4–6），是中国石窟艺术中规模最为宏大、保存也最为完好的一铺。画面的上部（图4–7），正中为阿弥陀佛结跏趺坐于莲台之上讲经说法，头顶有精美的华盖，观音和大势至菩萨立于两边；两侧共十组，一佛二菩萨从别处飞来，表示十方世界诸佛派遣菩萨前来赞叹安乐国的种种庄严；背景是一片

① 李裕群：《山野佛光——中国石窟寺艺术》，四川人民出版社，2004年，第81页。

图 4–5　西方净土变 西魏 天水麦积山石窟第 127 窟 右壁龛上

碧空，彩云与乐器相映成辉，各种飞舞着的乐器，绘满图案，不鼓自鸣，表示“十方世界音声之中最为第一”的万种伎乐；七宝池前有平台雕栏，东西两侧有序地耸立着宫殿、楼阁；宝池中，上座周围，还有众多菩萨，或捧盘作供养状，或双手合十，或坐或跪，服饰不同，发式各异，生动形象，其中有两位菩萨手抚栏杆，身体稍稍前倾，观赏舞台上的舞乐情景。平台上乐队置于两边，中间一对舞伎，身披璎珞，下着石榴裙，绕动长巾，翩翩起舞；画面中穿梭着孔雀、鹦鹉、仙鹤、迦陵频伽等神灵。整个画面生动地呈现了人们所向往的美妙西方净土世界。严整繁密，灵动开阔的构图把“无有众苦，但受诸乐”“随意所欲，应念即至”的西方净土世界表现得如身临其境。由此也确定了阿弥陀经变的标准模式。

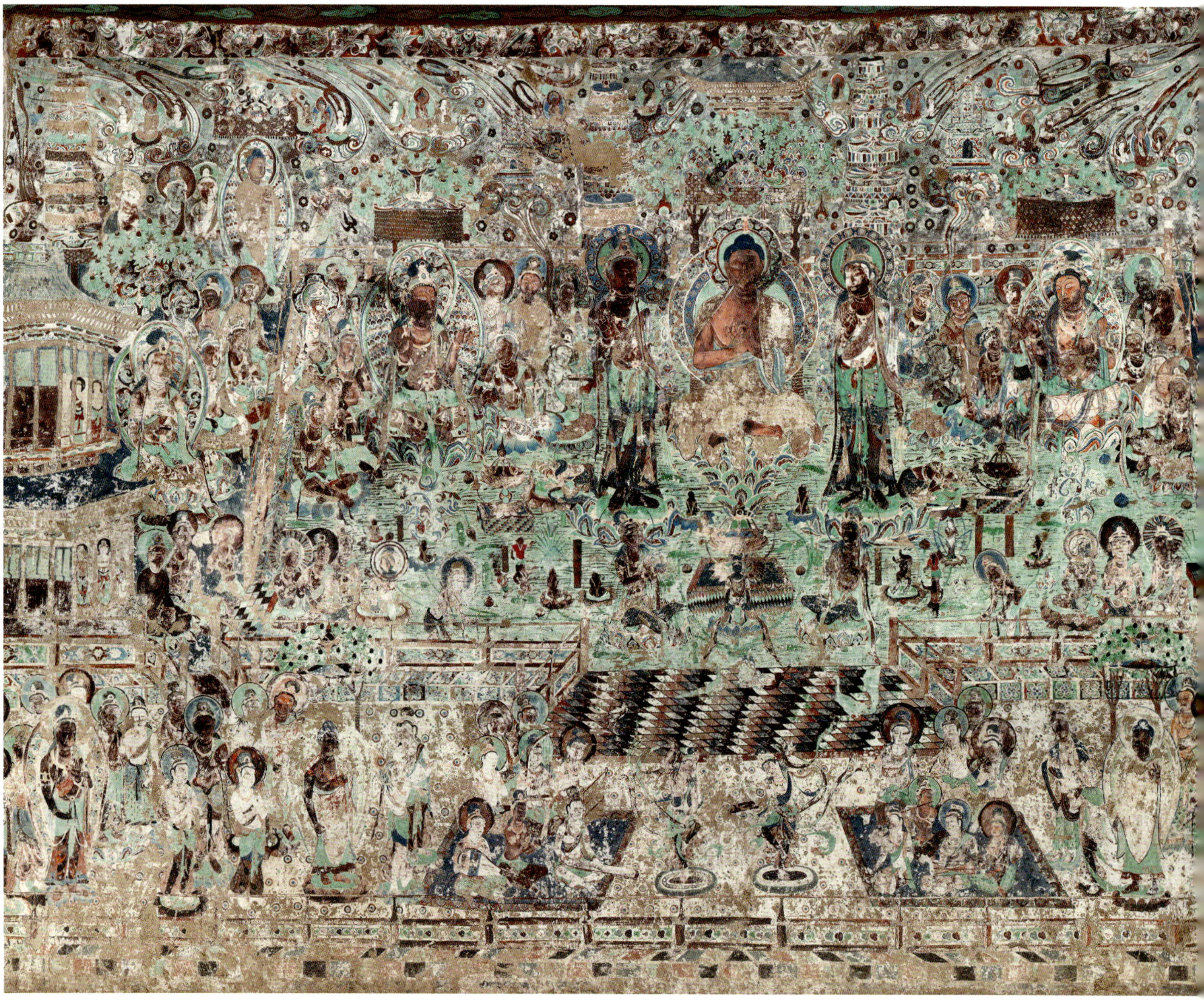

上：图 4-6　阿弥陀经变 初唐 莫高窟第 220 窟 南壁

下：图 4-7　阿弥陀经变（局部）初唐 莫高窟第 220 窟 南壁

观无量寿经变始于隋而终于宋，其盛期也是在唐代。作为初盛唐之交最为宏大完整的经变窟，莫高窟第217窟在四壁壁画的布局上已经趋于成熟，北壁的观无量寿经变除下沿的画面已经斑驳以外，其余皆完好（图4-8）。作为观无量寿经变画的内容，中央首次出现了净土庄严相[①]；左侧条幅接下沿画未生怨；右侧条幅画十六观。此铺观无量寿经变中的净土庄严相，色彩鲜亮，灿烂辉煌。居中画主尊阿弥陀佛与四胁侍菩萨，都被绘于并置的三座水面平台之上。两侧平台上分别绘以观音和大势至为首的菩萨列像。上部绘有气势恢宏、色彩明丽的大型建筑楼阁群，台基高耸、重楼连阁，中部为前后佛殿，后佛殿两侧有回廊环绕，四周皆有围栏，赋以红、青、绿等重彩，飞天、神异翱翔、穿行于门窗廊柱之间，如无阻隔。整群建筑前是水池和水上平台，中轴线上有一座，左右又各有一座，平台间有小桥相连。水池中画有九品往生，其中有四位坐在“台”上往生，其余的则“坐莲花而生”。如按经文，上品上生者坐金刚台、上品中生者坐紫金台、中品上生者坐莲花台，画四个台，纯粹是为了对称。整铺壁画巧妙地运用写实与夸

① 如按《观无量寿佛经》，并没有净土庄严相，这一部分是受《无量寿经》的影响而加进去的，而且之后的观无量寿经变都绘有净土庄严相，且占据了全画的中心，空间也大。

图 4-8　观无量寿经变 初盛唐 莫高窟第 217 窟 北壁

张的手法，既表现出唐代宫廷建筑的雄伟壮观、富丽堂皇，又渲染出天国世界的神圣美好。此铺的东部下端绘有听法菩萨、供养菩萨，位置设置在立佛与坐佛之间。此外还有在未开放莲花中的童子，均作跪姿合掌状，莲瓣仅作线描轮廓，完美地映衬了前面的乐舞场面。这里多姿多彩、写实生动的音乐舞蹈场面，为我们保存了极其珍贵的历史资料。[①]

① 阿弥陀净土的下部着重表现七宝池、八功德水之间的歌舞娱乐场面，下部中间的二人舞蹈是壁画中少见的柘枝舞，舞者手执长带，在莲花上急速旋转，是健舞的一种。

《观无量寿经》云：王舍卫城摩揭陀国王阿阇世，其父频婆娑罗，其母韦提希。阿阇世前世与父结怨，长大后与恶友交往，幽囚其父于七重室。其母为救其父，澡浴净身，用蜜拌炒面涂身，以璎珞盛葡萄浆，密入七重室。老国王得救后合掌遥礼释迦，誓言愿行慈悲，受持八戒，瞬时佛遣弟子飞来为王说法。阿阇世欲杀其母被大臣阻拦后将母幽禁深宫，韦提希遥向佛礼拜，誓言愿弃浊恶现世，往生佛国，佛为其说修十六观之法。此铺壁画西侧屏风画，绘制“未生怨”，但构图较为新颖，其上部绘制佛在灵鹫山说法的场景，下部画阿阇世太子幽囚父王的故事情节（图 4–9）。一座大城，城外的广场上，10 名武士分立两边，一边持矛正在进攻，一边持盾在抵抗。二大臣正在向骑在马上的太子禀报。头戴冕旒的国王及众人像局外人一般，在最不显眼的地方站立，这样自由生动地以宏大战斗场面表现“禁父”情节的仅此一幅。此图右（东）侧屏风画绘制“十六观”（图 4–10），内容较为详尽，共有 16 个场景，每一观都以山水为自然划界，旁边有题记，由上而下，分别是日想观、水想观、宝池观等，画面视线开阔，山水气势非凡，韦提希夫人端庄虔敬；愈往下画面愈小，有的“观”竟然未画韦提希夫人，仅有场景而已。

唐代盛期以前的西方净土变，在佛经解读及艺术水平上都取得了巨大的成就，在细节表现上也愈发熟练，通过借用唐代宫廷及贵族歌舞升平的场景，和宫殿楼阁的形态，形象地呈现出极乐世界中的各种音律器乐，表现出极乐世界的富丽堂皇、神圣庄严，塑造出不同人物形象的生动神情，或深思冥想、或慈悲为怀、或高谈阔论、或侧耳倾听等，无一不巧妙。这些艺术成就都造就了盛唐时期西方净土变发展至巅峰状态。

图 4-9　未生怨　初盛唐　莫高窟第 217 窟北壁《观无量寿经变》西侧屏风

图 4-10　十六观　初盛唐　莫高窟第 217 窟北壁《观无量寿经变》东侧屏风

第三节

弥勒经变

公元2—3世纪，弥勒信仰已在印度北部、西北部流传，相关造像也同时出现，主要以表现弥勒菩萨天宫说法为主。[1] 早期的克孜尔及库木吐喇石窟中也遗存有弥勒说法图。[2] 敦煌、云冈和龙门石窟在北朝时期，均有交脚弥勒的形象出现，多是以弥勒上生信仰为主要题材的相关造像，此外，还有众多南北朝时期的弥勒单体石刻造像及造像碑相继出土。[3] 现存最早的弥勒经变可见于1954年出土于成都万佛寺遗址的南朝梁代造像残碑。该碑背面浅浮雕有“弥勒三会”“弥勒说法”“老人墓”“龙王罗刹扫除”等，出自鸠摩罗什译本《弥勒下生经》中的情节。[4]

敦煌石窟的弥勒经变首见于隋代，之后盛于唐，终于西夏。[5] 隋代弥勒经变以表现上生为主，多绘于窟顶人字披或平顶，表现内容主要是弥勒菩萨端坐兜率天宫说法，胁侍菩萨及天王等侍立左右。莫高窟第419窟绘于后部平顶的弥勒经变是早期的精品之作（图4-11），图画五开间歇山顶殿堂，堂内为交脚弥勒菩萨，两侧侍立二菩萨、四天王。殿堂外侧有四层重

---

① 王静芬：《弥勒信仰与敦煌〈弥勒变〉的起源》，《敦煌研究》，1988年第2期。
② 季羡林：《弥勒信仰在新疆的传布》，《文史哲》，2001年第1期。
③ 董华锋：《四川出土的南朝弥勒造像及相关问题》，《敦煌学辑刊》，2011年第2期。
④ 赵声良：《成都南朝浮雕弥勒经变与法华经变考论》，《敦煌研究》，2001年第1期。
⑤ 敦煌研究院编：《敦煌石窟内容总录》，文物出版社，1996年，第291—292页。

图 4-11　弥勒经变 隋 莫高窟第 419 窟 后部平顶

楼，内有诸天眷属奏乐，后部的平顶两侧，分别绘制乘龙车的帝释天和乘凤车的帝释天妃，周围有飞天环绕，还有诸神簇拥赴会。帝释天下方画菩萨坐束腰莲台之上，为信士摩顶授记；南侧帝释天妃下画束腰莲台之上的思维菩萨。整铺壁画虽构图较为简单，但人物组合及气氛营造都一丝不苟，不失为早期弥勒经变的精彩之作。

初唐开始出现了上生、下生经变合绘于一铺的形式。一般为画面上部绘弥勒菩萨在兜率天宫说法；中部绘弥勒佛倚坐说法，周围诸菩萨天众听法；下部绘西方净土变中常出现的水榭楼台、舞蹈伎乐、宝池莲花等，可以明显看到西方净土变对弥勒变的影响。盛唐时期较为注重对弥勒下生的表现，多以弥勒三会说法为中心，出现如“一种七收”“树上生衣”“女人五百出嫁”“老人入墓”“婆罗门拆幢”等相关画面，使整铺经变充满浓郁的生活趣味。如莫高窟第 445 窟北壁的弥勒下生经变，描绘了弥勒菩萨由兜率天宫下生阎浮提成佛后的弥勒净土。整铺壁画

图 4-12　弥勒二会 中唐 榆林窟第 25 窟 主室北壁“弥勒经变”左下角

内容丰富，且构图巧妙，将不同的故事自然地融入画面，同时不乏精彩的细节描绘。

开凿于中唐的榆林窟第 25 窟也是非常经典的经变窟。此窟的前甬道、前室和主室甬道大都为五代、宋代重绘。主室北壁的弥勒经变最为经典，是以《弥勒下生成佛经》为依据绘制的，主体绘制弥勒三会，图下有古藏文题记。画面中心为初会，未来佛弥勒在龙华树下倚坐说法，法华林和大妙相菩萨左右胁侍，听法圣众和天龙八部都围坐周围，弥勒佛身后山石嶙峋，宝盖华丽精美，其上还绘制了须弥山和乘祥云而来的飞天，动态舒展自然，山水意境深远；①第二会和第三会分别安置在右侧和左侧下方，组成品字形的整体构图。左侧下角为第二会（图 4-12），弥勒在众菩萨的眷属簇拥下说法，岸上摆放香炉，两侧床上陈列发束、酒食器物和叠放的袈裟，已出家的僧人在床前列坐，新剃度

① 据《佛说观弥勒菩萨上生兜率天经》记载，“兜率天宫为五百万亿天子以天福力所造：尔时兜率陀天上，有五百万亿天子，一一天子皆修甚深檀波罗蜜，为供养一生补处菩萨故，以天福力造作宫殿……时兜率天宫有五大神，第一大神名曰宝幢，身雨七宝散宫墙内，一一宝珠化成无量乐器，悬处空中不鼓自鸣，有无量音适众生意。”［南朝宋］沮渠，京声译：《佛说观弥勒菩萨上生兜率天经》，《大正新修大藏经》第十四册，第 418 页下。

图 4-13　弥勒三会 中唐 榆林窟第 25 窟 主室北壁“弥勒经变”右下角

者在案前跪拜，案前还有正在削发的场面。与二会对应的是绘于画幅右侧下角的弥勒三会（图 4-13），会众眷属与二会一致，法会前是穰佉王公大臣们剃度，法会后有弥勒降生前的阎浮提世界女人五百岁出嫁的场景。此铺壁画的每一故事都精心绘制，不仅呈现出当时绘画的写实水平，同时也精确地反映了社会现实生活的真实场景。从绘画角度来说，整铺壁画中的人物描绘写实生动，部属庄严肃穆、菩萨雍容华贵、天王力士威武强壮、世间人物都表情丰富，情真意切，颇具盛唐人物画的风采；壁面简淡敷彩，清新明丽，线条圆转连绵，落笔生风，颇有吴道子一派的绘画风格。

中唐还出现了单幅净土式、屏风式及窟顶四披式等多种构图形式。晚唐迄宋、西夏，出现了中间净土，两侧条幅画的形式，中间净土画面以弥勒三会为主，众多的弥勒下生世界情节多被安排在主画面两侧的条幅内绘出，但情节内容多沿袭前代且程式化趋势明显。

第四节

法华经变（含观音经变）

法华经变是根据《法华经》，即《妙法莲华经》绘制的。《妙法莲华经》强调大乘是佛教的唯一法门，教育众生要通过自己的觉悟而获得佛性，并指出许多方便法门，强调任何人只要护持、诵读、书写《法华经》就能够成佛。同时，也塑造出了一个大慈大悲、救苦救难的观世音菩萨形象，人们在危难之时，只要诵念观世音菩萨的名号，就可以化解危难。正是这种简单易行的信仰形式，以及符合人们精神需求的内容，带来了《法华经》的广泛流行。魏晋南北朝以来，《法华经》有很多译本，其中鸠摩罗什的译本最受欢迎。

隋朝出现了真正意义上的法华经变，如莫高窟第420窟窟顶四披用连环故事画的形式详细描绘了《法华经》中的序品、方便品、见宝塔品、化城喻品和观世音菩萨普门品的内容（图4–14）。虽然形式上还没有脱离故事画的模本，但已经有了经变画最初的雏形，为唐代法华经的广为流传和日臻完善奠定了基础。

初唐时期，法华经变已经形成了完整的布局结构，它与其

图 4-14 法华经变之普门品 隋 莫高窟第 420 窟 窟顶东披

他净土经变最大的差异在于，它不着力表现净土世界的盛况，而是以佛及序品为中心，四周环绕各品的故事情节，也就是在一铺壁画中同时表现几品的内容，但构图形式相对自由。初盛唐之交的莫高窟第 217 窟南壁的法华经变，从构图到绘制技法，已经趋于成熟了（图 4-15）。整铺壁画是以序品为中心，向左、右、下方展开各品情节。序品细致地描绘了灵鹫山上，释迦向会众说法华经的情景。图中除听法菩萨外，东侧空白处点缀有数位贵族供养人。盛唐时期富丽堂皇又精巧别致的装饰风格在这里有清晰的呈现，释迦与菩萨身后都绘制精美的团花纹饰头光和背光，头顶绘有微仰角的华盖，多边形盖内精心绘制了莲花，顶及尖角绘摩尼宝珠，沿下有长圆形的彩幡铃铛垂幔散落，华盖外围有绿色菩提宝树。画面上部绘制一横列院落建筑，通过屋顶形状的差异很好地区分了建筑的功能。序品东侧上方有方便品、法师品等，下方有药王菩萨本事品和随喜功德品等；西侧有提婆达多品、化城喻品等。尤为精彩的是其中的化城喻品：一行人想要到宝地寻宝，苦于路途遥远多险。众人走了一程后，畏难欲返，这时导师以神通之力化作一城，让众人休息。后又隐去此城，引导众人继续前行。宣扬要想获得“一佛乘”，只有经过“险难恶道、旷绝无人怖畏之处”，面对导师化出一楼台园林具备的城池时，只有抵挡住诱惑，继续“勤精进”才能“共至宝所”，到达“一佛乘”。而画师并不拘泥于故事的繁琐细节，巧妙地将山水画的技法融入画面，画中山川层峦叠嶂，河流蜿蜒曲折，山水之间有一座城，来往过客各有不同，不同情节的画面共置于一个空间，充分展现了中国山水画对于空间的巧妙处理。

图 4-15　法华经变 初盛唐 莫高窟第 217 窟 南壁

图 4-16　法华经变 晚唐 莫高窟第 85 窟 窟顶南披

自中唐以后，法华经变的形式逐渐固定为两种，一种是以“序品”的法华会为中心，周围绘制各品故事，有些绘制于窟壁，有些绘制于窟顶四披，如莫高窟晚唐第 85 窟窟顶南披的法华经变（图 4–16），虽位置和隋代一致，但就内容和各品配置，以及艺术水准方面，都远远超越了早期的经变画；第二种是分上下两部，上部为法华会和四周各品故事，下部为屏风式的各品条幅画。如莫高窟第 159 窟南壁，绘制三铺大的经变画，从左至右分别为弥勒经变、观无量寿经变和法华经变（图 4–17）。每铺壁画下面又绘制三幅条幅屏风，弥勒经变下部仅能分辨一幅为女子 500 岁始出嫁图；观无量寿经变下绘制十六观和未生怨；法华经变下面绘制随喜功德品、妙庄严王本事品和观世音菩萨普门品。这些屏风画不仅丰富了壁画的构图形式，同时也是我们判定壁画所属题材的重要依据。此铺壁画属于中唐时期绘制较为精彩的一铺，画面构图考究、设色清雅、制作精良、线描细劲有力，代表了唐代精湛的绘画水平。但至此，法华经变的创作形式逐渐走向格式化，经五代至宋，在敦煌石窟艺术中逐渐走向衰落。

在《法华经》流行的过程中，其中第二十五卷的《观世音菩萨普门品》因讲述观世音菩萨如何救苦救难的故事而深入人心，符合人们的精神需求。由此，人们往往会将之抽取出来单独念诵，称《观世音经》。《观世音经》分“拔苦”与“与乐”两部分，集中记录了观世音化现救苦的诸多情节。其中：“拔苦”列举了水、火、罗刹、饿鬼、刀杖、贼怨、牢狱七难；观世音随缘度生即为“与乐”，主要讲观音现三十三化身寻声随类说法。分别代表大慈、大悲之心的“拔苦”与“与乐”，是观世音菩萨以大慈悲精神，愿力与功德的体现，很快就得到了广大受苦受难民众的推崇，由此观音信仰开始变得极度盛行。

目前所见最早的《观世音菩萨普门品》图像，是南朝宋元嘉二年（425）出土于成都万佛寺的石刻画像。[①] 开凿于隋代的莫高窟第 303 窟人字披窟顶，沿用北周时期盛行的长卷形式绘制观音菩萨普门品（图 4–18），每披上下两横幅，共四幅，依经文顺序横向展开情节绘制。该铺经变是莫高窟现存最早的此题材壁画，也是最为精彩的一铺。

到了唐代以后，直接出现了单独的观音经变，如莫高窟第 45 窟南壁，以整壁绘制观音经变，详细描绘观世音菩萨三十三现身和在数种危难情况下救苦救难的场景（图 4–19）。壁画中央画观音菩萨立像，面相丰满，表情肃穆，眉眼细长，嘴角有胡须，头戴化佛冠，上方有精美的摩尼宝珠华盖，沿下系长圆形

---

① 刘志远、刘廷壁编：《成都万佛寺石刻艺术》，中国古典艺术出版社，1958 年，图版 31。

彩幡铃铛垂幔。上身半裸，着帔巾，佩珠串璎珞，左手持瓶，右手已漫漶不清。画面东西两侧为观世音菩萨三十三现身，大体分为上中下三排，有明确题记。东侧（图 4–20）上排自左起，依次为："应以毗沙门身得度者，即现毗沙门身而为说法"；"应以天大将军身得度者，即现大将军身而为说法"；"应以大自在天身得度者，即现大自在天身而为说法"；"应以自在天身得度者，即现自在天身而为说法"；"应以帝释身得度者，即现帝释身而为说法"。中排画面上下交错，自左起，依次为："应以小王身得度者，即现小王身而为说法"；"应以比丘比丘尼优婆塞优婆夷身得度者，即现比丘比丘尼优婆塞优婆夷身而为说法"；"应以童男童女身得度者，即现童男童女身而为说法"；"应以婆罗门身得度者，即现婆罗门身而为说法"；"应以长者居士宰官婆罗门妇女身得度者，即现妇女身而为说法"；"应以居士身得度者，即现居士身而为说法"；"应以宰官身得度者，即现宰官身而为说法"。下排左起，依次为："或为恶人逐，堕落金刚山，念彼观音力，不能损一毛"；"或在须弥峰，为人所推堕，念彼观音力，如日虚空住"；"假使与害意，推落大火坑，念彼观音力，火坑变成池"，以下画面已剥落残毁。西侧（图 4–21）上排左起，依次为："应以梵王身得度者，即现梵王身而为说法"；"应以声闻身得度者，即现声闻身而为说法"；"应以辟支佛身得度者，即现辟支佛身而为说法"；"应以佛身得度者，观世音菩萨即现佛身而为说法"，右上角画面为菩萨趺坐于双树下莲台上，前设大案，陈放饮食、衣服、卧具、医药等，一人跪地礼拜供养。以下画面有："若多愚痴，常念恭敬观世音菩萨便得离痴"；"若有女人设若求男，礼拜供养观世音菩萨便生福德智慧之男，设若求女便生端庄有相之女"；"若有众生多于淫欲，常念恭敬观世音菩萨便得离欲"；"有一商主，将诸商人，赍持重宝经过险路……一心称观世音菩萨名号，于此怨贼当得解脱"；"若有罪若无罪，杻械枷锁检系其身，称观世音菩萨名者皆得解脱"；"或遇恶罗刹，毒龙诸鬼等，念彼观音力，时悉不敢害"；"有多嗔恚，常念恭敬观世音便得离嗔"；"或值怨贼绕，各执刀加害，念彼观音力，刀寻断断坏"。其中，一个故事讲述了旅牧民族商人在山林中遇到强盗，惊魂失措，货物吓得丢了一地，当旅牧民族商人一心念诵观世音菩萨名号时，强盗不战自退。这个故事为我们真实地反映了在古代丝绸之路上商人朝不保夕的经商境遇。下排画一艘大船，在水中遇到了黑风和罗刹鬼等，有人高诵观世音菩萨名号，诸人皆得解脱。整铺画面以山和榜题作间隔，有选择地表现观世音菩萨救济诸难及三十三现身的一些情节，描绘非常生动。观音经变的故事情节，与净土变相比，更加贴近生活，深入人心，它更加真实地反映了这一时期社会生活的残酷现实和人们想要寻求精神依托和救助的愿望。

图 4-17　经变屏风画 中唐 莫高窟第 159 窟南壁

上：图4–18 观音菩萨普门品 隋 莫高窟第303窟人字披窟顶

下：图4–19 观音经变 盛唐 莫高窟第45窟南壁

图 4-20　观音经变（局部）盛唐 莫高窟第 45 窟 南壁 画面东侧

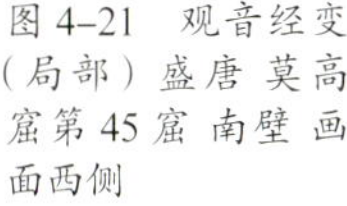

图 4-21　观音经变（局部）盛唐 莫高窟第 45 窟 南壁 画面西侧

第五节

维摩诘经变

图 4-22　维摩诘变相 西秦 永靖炳灵寺第 169 窟 北壁后部

《维摩诘经》是中国化的佛教经典，内容也较为特殊。其他的佛教经典都是由释迦牟尼佛说法，再由其后世弟子加以结集记录而成，或者由诸大菩萨陈述其愿力，因此在这些经典中，主角一律是佛或者菩萨。但在《维摩诘经》中，说法的主角却是维摩诘，他仅仅是佛在世时居住在毗耶离城的一位居士，这在佛典中是绝无仅有的。此经以维摩诘装病，佛派文殊师利前往问疾，两人展开辩论为主线，十分巧妙地运用戏剧性的手法，淋漓尽致地表现了维摩诘的“辩才无碍、游戏神通”“善于智度、通达方便”，从而达到阐扬大乘佛教思想的目的。

现存最早而且有明确时间记载的维摩诘经变画，是西秦建弘元年（420），甘肃永靖炳灵寺第 169 窟北壁后部的维摩诘变相。第一幅图中，着菩萨装的维摩诘站在释迦牟尼佛左侧，面相长圆，头发披肩，头戴宝冠，有头光，袒露上身，身披璎珞和臂钏，右侧有题记：维摩诘之像（图 4-22）。第二幅表现的是维摩诘示疾的场面，在长方形帷帐内，维摩诘头束高髻，袒

图 4-23 维摩诘示疾 西秦 永靖炳灵寺第 169 窟 北壁后部

右肩，有头光及华盖，半卧于榻上，用被遮身，左胳膊肘部垫在靠枕上，身后立一侍者（图 4-23）。这里的维摩诘从形象到姿态上，都忠实于经典的描绘。

北魏的云冈石窟，以及西魏的天水麦积山石窟都有此类题材。例如麦积山第 127 窟左壁佛龛上层，绘制有维摩诘经变的“文殊师利问疾品”（图 4-24）。图的左边绘文殊菩萨，坐在帷帐

图 4-24 维摩诘经变"问疾品"西魏 天水麦积山第 127 窟 左壁佛龛上层

中；右边绘维摩诘居士，长者形象，身着褒衣博带，双腿垂坐于榻上，周围众菩萨天人前来听法。他下方绘有国王大臣居士等世俗人物，中间穿插有姿态优美、手托钵的天女和树木。现画面虽已有多处漫漶不清，但还可以看到画面宏大的气势和匠心独具的构图布局。

敦煌地区的维摩诘经变主要是依据鸠摩罗什所译的《维摩诘经》绘制的。隋代的维摩诘经变延续了中原图像的形式，主要绘制文殊菩萨和维摩诘居士对坐的图像。大致分为以下几种形式。第一种形式是隔龛对坐式，维摩诘居士和文殊菩萨分别位于佛龛外的南北侧，文殊菩萨坐在一所三间歇山顶殿堂中的须弥座上，举手论道，神态从容；维摩诘头戴白纶巾，身着褒衣博带的士大夫服装、手持尘尾。如第 420 窟南北两侧上部维摩诘经变"文殊师利问疾品"（图 4-25、图 4-26）。第二种形式是立于室外的维摩诘和文殊菩萨，绘于龛外两侧，省略听众及殿堂，仅以树石为衬景。龛南侧画头戴宝冠文殊菩萨，身形秀美，气宇轩昂，才智过人，站在菩提树下；龛北侧画着宽松汉服，手执尘尾的维摩诘居士，面带微笑，长须飘飘，睿智饱学，立于菩提树下。如隋代的 276 窟西壁南北两侧的维摩诘经变问疾品（图 4-27、图 4-28）。第三种形式是与

图 4-25 维摩诘经变“问疾品”之文殊 隋 莫高窟第 420 窟 南侧上部

图 4-26 维摩诘经变“问疾品”之维摩诘 隋 莫高窟第 420 窟 北侧上部

图 4-28　维摩诘经变“问疾品”之维摩诘 隋 莫高窟第 276 窟 西壁北侧

图 4-27　维摩诘经变“问疾品”之文殊 隋 莫高窟第 276 窟 西壁南侧

弥勒经变的结合。如第 433 窟人字披西披后部，绘弥勒上生经变的兜率天宫，作五间歇山顶殿堂，弥勒菩萨交脚端坐其中，殿堂两侧各画一座两间歇山顶建筑，北侧为维摩诘，南侧为文殊菩萨，身后为听众（图 4–29）。

初唐维摩诘经变的图像格局继承了隋朝，随着画幅变大，人物逐次增多，表现的题材也逐步增多，笔法更见成熟，叙事性逐步增强，人物形象塑造得更加饱满。盛唐第 103 窟东壁的维摩诘经变是这一题材最经典的一铺，人物形象更加写实生动，线条更加细劲流畅，设色也更加简练素朴，充分表现出盛唐人物画水平的精湛。其南侧绘维摩诘、各国王子及香

图 4–29 维摩诘经变“文殊师利问疾品”隋 莫高窟第 433 窟 人字披西披后部

图4–30 维摩诘经变「问疾品」之维摩诘 盛唐 莫高窟第103窟 东壁南侧

图4–31　维摩诘经变『问疾品』之文殊　盛唐　莫高窟第103窟　东壁北侧

积佛品[①]（图4–30），北侧绘前来问疾的文殊师利、佛弟子及帝王群臣（图4–31）。画师精彩地刻画出了维摩诘睿智善辩的形象，其探身向前，扬眉启齿，正向文殊菩萨发出咄咄逼人的诘难，与之相对的文殊菩萨手持如意，面带微笑，泰然自若，对答如流，形成了强烈的张弛对比。文殊菩萨身后的弟子们刻画得也很生动，他们或窃窃私语、或苦苦思索、或若有所悟，人物的神情姿态都异常鲜活。下方帝王群臣形象与维摩诘下方的外国使臣，在形象上也对比鲜明，一边是雍容华贵、礼仪规范的帝王群臣，另一边是服装各异、站姿舒散的外域人物形象。本铺壁画中的线描是最为精彩的部分，线描本身就代表了一种气韵，形成了富有张力的气势，这种以线描造型为主的绘画方法，与唐代画圣吴道子的风格较为一致，史籍中所记载吴道子的画："弯弧挺刃，植柱构梁，不假界笔直尺。虬须云鬓，数尺飞动，毛根出肉，力健有余。面部轮廓及衣纹的线条充满韵律，包括表现胡须的细线，菩萨体态婀娜，乃初唐杰作。"[②] 唐以后的维摩诘经变已经形成了固定模式，虽规模上会有些增大，内容更加丰富，但图像形式基本一致，呆板而缺少变化。

① 《香积佛品》经文中述：眼看吃饭的时间到了，舍利弗心想，我们可以要饭（去讨饭），菩萨们吃什么呢？维摩诘知道舍利弗心之所想，说：想吃饭吗？请稍等。于是他"化出"一位菩萨，让其到众香国的香积那里去"请饭"，就说把你们"所食之余"拿到娑婆世界去"施作佛事"，"使此乐小法者得弘大道"。于是香积如来用香钵盛满香饭，给了化菩萨。化菩萨捧一钵饭回来，有人认为不够吃，化菩萨说："四海有竭，此饭无尽。"第103窟此品很简单，只画了"化菩萨"捧着饭回来，跪坐于莲花座上，离他最近的外国使臣手端满满一大盘饭食，表明钵未倒完，饭已成山。

② ［唐］张彦远：《历代名画记·卷二·论顾陆张吴用笔》，人民美术出版社，2004年。

小结

经变画是石窟壁画中最具完整性和无限丰富性的题材，它也生动地反映出时代精神风貌，譬如大唐气象的博大与宽容，在这里都有着真切的呈现。盛唐之音我们已无从欣赏，但数百座唐代洞窟中的经变乐舞，却为我们还原了唐代音乐文化的真实场景；廊柱彩画、琉璃花砖、虹桥水榭，为我们还原了唐代宫殿建筑的气势雄伟、精美华丽。大型经变画，不仅有着承载艺术表达空间的巨幅画面，也为画师们创造了“窥意象而运斤”的想象空间。

虽然经变画有着一定程式化的特点，但每一铺壁画无疑都透射出内在的生命动势，和中国艺术的其他形式一样，如书法、戏剧，都传达出一种“舞蹈精神”，呈现出一种虚灵的空间和一种流动飞扬之势，也将中国艺术的“意境”与“气韵”之美体现得淋漓尽致，其悠游回环虚实相生之妙，皆可通于壮美。总之，这种应和着动感的生命律动，成为华夏艺术的美学特征之一，而这些构思精巧、气魄雄伟的佛国净土，更是成为人类生命栖息、灵魂安歇的理想之地。

中国
佛教美学
典藏

第五章

乐神舞韵

壁画中的乐舞飞天

在中国的石窟艺术中，几乎每个洞窟都有乐舞形象。他们或者是传说中的天宫伎乐、飞天伎乐、化生伎乐，或者是各种护法神，如金刚力士、药叉、迦陵频伽等，或者是经变画中静心演奏的乐者、急速旋转的舞者，或者是供养人行列里生活气息浓厚的乐舞场景中的形象。这些灿烂辉煌、多姿多彩的乐舞飞天壁画，具有多民族文化交融的鲜明特征，既是中国佛教艺术风格演变的见证，也是我们研究民族音乐舞蹈艺术的宝贵财富。

第一节 飞天艺术

佛教艺术中的飞天形象最能表现中国传统的审美精神，其形体动态的轻重缓急，色彩的交相辉映，传达出音乐般的节奏与韵律之美，与中国书法、绘画有异曲同工之妙。

飞天在佛教经典中称为香音神，即紧那罗和乾闼婆，汉译为音乐神和歌舞神，属佛教八部护法的组成部分。据说，当佛讲经说法时，他们会在天空中散播花雨或供养礼赞佛陀。所以可以说飞天形象来源于印度，随着佛教飞入中国，但在中国文化的土壤上，吸收中国神话中“飞仙”的形象，发生了质的变化，逐渐成为中国式的飞天。①

飞天是佛教石窟塑绘造像中最常见、也是流行范围最广、流传时间最久的题材之一。多出现在经变、佛传等故事壁画，以及窟顶、窟壁、佛背光、龛楣、坛座等处。其产生、发展、演变，无疑受到不同地域民族固有的文化、生活习俗、审美意识等诸多方面的影响。

在克孜尔中心柱窟的圆拱形龛门上也有飞天图像。例如第227窟主室正壁龛上方的两对飞天，中央两身为全身赤裸的童子，相对而飞，二人双手共持一环状华绳，置于龛顶中央。童子背部各有双翅，这在克孜尔石窟中是仅存的一例。龛之左右两侧，各有飞天三身，有的持华绳，有的双手合十，有的手执乐器，有的自由飞翔（图5-1）。这种有翼裸体童子形象来源于犍陀罗石雕，受希腊艺术影响较大，在库车出土的舍利盒盖

① “飞天”一词最早见于北魏杨衒之《洛阳伽蓝记》卷二：“石桥南有景兴尼寺，亦阉官等所共立也。有金像辇，去地三尺，施宝盖，四面垂金铃、七宝珠，飞天伎乐，望之云表。”

图 5-1　飞天 约公元 7—8 世纪 克孜尔石窟第 227 窟 主室正壁龛上方

上曾经有类似的图案出现，在新疆南部的米兰，也有有翼天使的形象出现。马图拉早期雕塑中也流行这种飞天。在一件约为 2 世纪的马图拉寺院门上的拱券形雕刻中，出现三层天人的形象，动作基本一致，一腿前跨，一腿在后，一手托花，一手散花，他们自然形成一种有规律的动态效果，具有很强的装饰味道（图 5-2）。

在克孜尔尕哈石窟第 30 窟的后室券顶，有一组形体窈窕、色彩鲜艳如新的飞天形象，风格和克孜尔石窟的迥然不同。整个画面呈现石窟壁画中少有的蓝绿色调。蓝色象征天空，布满鲜花，飞天皮肤为绿色。在两身散花飞天之间，穿插着演奏琵琶和箜篌的飞天，她们身披飘带，身形苗条，一脚伸直，一脚自然地向上翘起，人物造型简练概括，衣纹贴体，颇有曹衣出水的感觉。

这个时期的龟兹佛教艺术受浓郁的外来因素影响，特别是印度北部犍陀罗佛教艺术，同时印度中部秣菟罗艺术也影响了这些石窟，因此，龟兹的飞天艺

图 5-2　飞天 约公元 2 世纪 红砂岩雕刻 马图拉出土 印度博物馆藏

术是在消化外来因素，与本地文化相融合的发展卜创作出来的。

甘肃地区的石窟寺，从营建之初的十六国时期就已出现飞天形象。例如在文殊山的前千佛洞绘制的十六国至北魏的飞天形象（图 5-3），在中心方柱右侧顶端，也可以看到 3 身飞天，或扬手散花、或手持乐器，身披具有民族特色的条纹飘带，双脚和手臂一样极具动感，身体大体呈“V”字形弯曲，动作略显僵硬，人物服装及绘画方法是西域风格中的凹凸晕染法，但人物形象已经有些汉化。

甘肃永靖炳灵寺石窟中的飞天形象，可以算是内地石窟中出现最早的。在有建弘元年（420）题记的第 169 窟中，绘制了许多已经汉化的飞天形象。例如第 11 号龛的飞天（图 5-4），面相柔美，双耳低垂，头束中原式发髻，上身半裸，下身着裙，身披飘带，双手执华绳，正微笑着向佛飞来，衣裙与飘带自然飘起，显得身体异常轻盈。此窟的飞天从面貌到绘画方法都是中国式的，以流

图 5-3 飞天 十六国至北魏 文殊山前千佛洞

畅的线描为主，设色单纯洗练。

天水麦积山第 4 窟是北周时期开凿的洞窟，因窟顶有许多散花飞天又被称作“散花楼”。此窟正壁的 7 个佛龛外上部壁画中各绘制飞天一组。第一组伎乐天 4 身，分别在演奏笛、排箫、胡角，打腰鼓；第二组为 4 身散花供养天人；第三组伎乐天 4 身，分别在演奏横笛、笙、琴、阮咸；第四组飞天残存 3 身，执香炉供养；第五组伎乐天人 4 身，吹胡角、陶埙、弹箜篌、击锣；第六组为 4 身散花供养天人；第七组伎乐天 4 身，吹箫、弹琵琶、敲铃等。这些壁画皆用麦积山最典型的“薄肉塑”的方法，即在飞天的面部、四肢等肌肤的位置用薄泥浮塑而成，衣裙、飘带、冠饰及飞花、流云等以绘画形式描绘。浮塑极薄，但立体效果显著，使得飞天脱壁欲出。此窟的飞天形象既纤细轻盈，又风韵婉转，是在北魏“秀骨清像”基础上更加生动优美地塑造，每铺面积大约 6 平方米，抬头仰望，满墙风动、仙乐飘飘、漫天花雨、如临仙境（图 5-5）。

图 5-4 飞天 西秦 永靖炳灵寺第 169 窟第 11 号龛

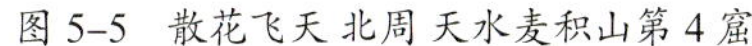

图 5-5 散花飞天 北周 天水麦积山第 4 窟

图 5-6　飞天 北魏 莫高窟第 248 窟 人字披两披椽间

北魏晚期，以龙门、巩县石窟为代表的“中原风格”开始逐渐影响到边远地区。敦煌北魏晚期的飞天图像明显地呈现出“西域式”与“中原式”并存的面貌特征。莫高窟第 248 窟人字披两披椽间的飞天，束中原式高发髻，眉目清秀，恬静安详，身材修长，轻轻掠过花丛，从两侧向中间飞翔，飘带轻扬，彩云飘浮，飘带末端尖角向上，构成类似火焰纹的造型特征（图 5-6）。此铺壁画从人物清瘦的脸庞到裹脚的衣裙，以及流畅婉转的线描、平面晕染的方法，都呈现出典型的中原式风格特征，同时也具有强烈的装饰美感。

另一铺壁画中的飞天组合更具有巧妙的装饰效果。莫高窟第 249 窟南壁说法图中，佛背光两侧各画出两身飞天（图 5-7），下面的飞天，身体强壮，上身半裸，下着长裙，露双足，向下而飞，身体弯曲成圆弧形，形成一种强烈的张力；上面的飞天向上而飞，着宽大的中原式衣袍，身体清瘦，飘带细长，两身飞天共同构成一优美的“S”形。这一上一下、一强一弱、一粗一细、一异域一中原，形

图 5-7　说法图中的飞天 北魏 莫高窟第 249 窟 南壁

图 5-8　天宫栏墙和飞天 隋 莫高窟第 390 窟 南壁上部

图5-9　双飞天　初唐　莫高窟第321窟西壁龛顶南侧

成了一幅构图巧妙、造型精美的装饰绘画。

隋代的飞天形象更加小巧玲珑、婀娜多姿，加上随风飘扬的飘带与腰带，更会增添一种美妙清新的气息。例如莫高窟第390窟四壁上沿，与窟顶衔接处绘一周天宫栏墙和飞天形象（图5-8），栏墙红蓝相间，准确地通过透视和色块组合表现出强烈的立体感；飞天轻盈矫健、飘逸秀美，在飘带和衣裙的烘托下充分表现出飞行疾进的动态，或手持莲花、或怀抱箜篌、或弹奏琵琶，姿态变换，深得起承转合之妙。栏墙一周色彩艳丽如新，抬头仰望，如漫天花舞，华美异常。

初唐的飞天造型优美，飘带也更加修长，衬托出优雅的气质和轻松明朗的氛围，昭示着佛教艺术的盛世即将开启。莫高窟第321窟西壁龛顶南侧的双飞天就是其中最精彩的一铺（图5-9），佛龛上部用蓝色画出天空，在靠近龛楣的位置画一周菩提树，树叶阴阳相对，意欲表现出立体感；龛楣两侧的菩提树前各画出两身散花供养天人，飞天俯冲下来，长裙裹着柔软的身姿，长长的飘带向上飞舞，穿梭于树杈之间，身下有祥云飘浮；在蓝色天空的位置也画出两身自由翱翔的飞天。两两一组的飞天相互依托、相互配合，不仅身形轻盈，气韵生动，同时也与其他形象元素共同构成了整铺壁画完美的韵律和节奏。正如常书鸿先生所说："敦煌造型飞天的成功之处，即在于气韵、形似两者兼而有之。"①

盛唐壁画的中心是经变画，尤其是净土变，画师总是以最精湛的技艺将众多的人物、宏伟的建筑楼阁、精妙的歌舞乐队等人间的奢华聚集一堂，来表现理想中的净土世界。而自由翱翔于天际的飞天自然是佛国世界的代表，于是，宏大壮观的净土变画中便出现了众多极富创造力和艺术性的飞天形象。如莫高窟第217窟北壁的观无量寿经变，在宏伟壮丽的宫殿楼阁之间，体态轻盈的飞天披着长长的飘带自由地穿梭其中，若隐若现。钟鼓楼上，在一和尚敲钟之际，一飞天宛然跃出，只留下飘带还穿梭于亭阁之中（图5-10）。此时的飞天已达"天人合一"的自由之境，在净土世界中自由翱翔。早期的"天宫伎乐"或作为角隅图案被束

① 陈允吉：《敦煌壁画飞天及其审美意识之历史变迁》，《复旦学报》（社会科学版），1990年第1期。

图 5-10 观无量寿经变中的飞天 初盛唐 莫高窟第 217 窟 北壁

上：图 5-11　飞天 盛唐 莫高窟第 39 窟

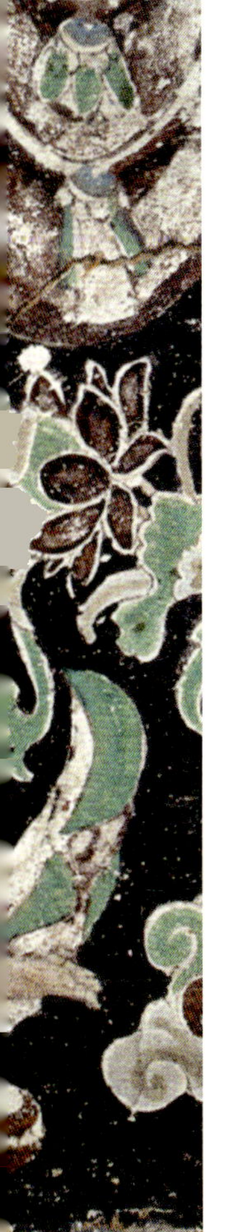

下：图 5-12　飞天 西夏 榆林窟第 10 窟

缚在平棋图案的一角，或被限制在楼阁之中、龛楣之内，直至隋唐才一跃而成为经变画中最自由、奔放的美神。

从飞天的造型来看，盛唐时期的第 39 窟飞天可谓精品（图 5-11），其西壁涅槃像龛顶共绘有 5 身飞天，皆眉目清秀，束高髻，戴三珠冠，佩璎珞、臂钏和项圈，双手托起一盘花蕾，体态轻盈，由上而下轻轻飞舞，身披双色花纹飘带，璎珞、杂彩遍布空中，在祥云的映衬下，显得五彩斑斓、绚丽夺目。如《大般涅槃经·机感荼毗品》所云："尔是一切天人于大圣尊宝棺前路，遍散七宝真珠香花璎珞微妙杂彩，缤纷如云，地及虚空悉皆遍满……"

中唐以后的飞天，基本延续之前的造型和构图，但形象更加雍容典雅，由此缺失了初盛唐时如青春少女般的朝气与活力。西夏时期的榆林窟第 10 窟飞天形象（图 5-12），具有一定特色。其窟顶的飞天图像，还是两两成组，如图中两身飞天，

图 5-13　飞天 元 莫高窟第 3 窟 北壁西侧

一身斜向后靠，侧身吹笛，一身半蹲半跪，倾身向前，扬手打着拍板，一个动态和一个静态的交错，身畔萦绕着鲜花、彩云，陶醉于音乐的神情、自然生动的场景跃然壁上。从绘画技法来说，画师通过熟练流畅的线条勾勒出人物及服饰，疏密相间，松弛有度，色彩晕染自然，画面层次丰富而完整，是这一时期艺术成就较高的作品。

由此我们也可以看出，后期的石窟壁画中的飞天，更倾向于写实的手法，特别是线描技法更加成熟。正是这种写实使得唐代飞天那种唯美、超脱的神情消失了，夸张、轻盈的翱翔之态也不复存在。例如莫高窟元代第 3 窟——因南北两壁技艺精湛的千手千眼观音变相而让我们熟知——两铺观音两侧各绘一身飞天形象。其中北壁西侧的飞天形象双髻垂于两耳，脸庞丰圆，身体略显肥胖，一手托莲花，一手执莲枝负于肩上，乘大团祥云俯冲而下，络腋为白色，长裙用紫黑色晕染，飘带为紫红与绿色双面，白莲以绿叶相衬，色彩浑厚质朴。虽人物比例协调，但却失去了飞天原有的轻盈与飘逸（图 5-13）。

第二节 乐舞图像

在佛教石窟壁画艺术的发展过程中，留存着大量的乐舞图像资料。这些乐舞图像分为两大体系：佛国天界乐舞和世俗乐舞。佛国天界乐舞的形象包括天宫伎乐与礼佛乐舞；世俗乐舞是对天乐的必要补充，能让世人更好地看到古人真实生活中的娱乐场景。

一、天宫伎乐

天宫伎乐形象在龟兹和敦煌早期的洞窟内已经出现。如克孜尔第 77 窟的后室窟顶，在梯形坡顶顶部绘两列伎乐，前后坡各绘一列，头部均朝向中央，每身伎乐的四周，用边饰相隔，成为独立的画面（图 5–14）。从壁画上看，他们头戴宝冠，后有头光，上身裸露，肩披帔帛，下身着裙，赤脚。有的双手捧执排箫置于颌下，作吹奏状；有的双手合十，作供养状；有的头微俯视，双手于腹前执一花盘。人物形象和绘画技艺受印度佛教艺术风格影响较重，仍多采用西域明暗晕染法，色调浑厚明快。

宗白华先生曾说：“敦煌的意境是音乐意味的，全以音乐舞蹈为基本情调。”[①] 早期敦煌壁画里的伎乐天人，多画在四壁上沿，其背景是带有浓厚印度古代建筑特征的拱门天宫以及具有凹凸感的栏墙。如莫高窟第 251 窟南壁上部的天宫伎乐（图 5–15），身

① 陈允吉：《敦煌壁画飞天及其审美意识之历史变迁》，《复旦学报》（社会科学版），1990 年第 1 期。

图 5–14　伎乐　约公元 4—6 世纪　克孜尔石窟第 77 窟

姿各异的乐舞天人整齐地排列，他们一般身披帛带，身形比较豪放粗犷，体态挺拔舒展，在各自拱门前载歌载舞，动作略显夸张，大幅度地扭腰出胯、伸臂扬掌，或手执各种乐器，或空手而舞，姿态各异，尤其是其中一弹曲颈琵琶者最为生动形象。这些伎乐的舞蹈动作和所持的乐器反映了西域乐舞的特征。此铺壁画带有明显的尼泊尔、印度风格，反映出当时中西艺术交流的普遍性。①

上：图 5-15 天宫伎乐 北魏 莫高窟第 251 窟南壁上部

右：图 5-16 天宫伎乐 约公元4—6世纪 克孜尔石窟第 38 窟主室

有“音乐家合唱洞”之称的克孜尔石窟第 38 窟，其主室东西壁上方各绘有一列天宫伎乐图，表现了居于天宫栏楯内的伎乐或舞或乐的场面（图 5-16）。天宫栏楯上已精确地画出透视，呈现立体的视觉效果，其上绘制拱形龛，龛内涂蓝色，代表天

① 赵声良：《敦煌石窟艺术简史》，中国青年出版社，2016 年，第 85 页。

图 5-17　伎乐天 约公元 5—7 世纪 克孜尔石窟第 135 窟 主室穹窿顶

空，内绘两个伎乐天人胸像，男女成组，皆面相丰圆，眉目清秀，上身裸露。男女的冠饰及肤色各有不同，天人头戴三珠宝冠，天女头戴花冠，肤色一棕一白，手持不同乐器。此图中天人手抱琵琶演奏，天女手握横笛欲吹，挑眉注视着左侧天人，动作协调舒展，表情生动传神。

克孜尔石窟第 135 窟是一方形窟，其主室穹窿顶也保留有一组伎乐天图像（图 5-17）。穹窿顶壁面分隔成若干个梯形条幅，每个条幅内绘一身站立的伎乐天，伎乐天头戴宝冠，上身裸露，下身着裙，身佩配饰，姿态各异，或挥巾起舞，或双手执排箫，或全神击鼓。这一铺穹窿顶壁画中的天人形象相比之前繁盛期的第 38 窟，显得粗糙了许多，没有精细的细节处理，绘画技法也比较粗略，用色单纯，但人物形象具有一定中原风格，更加纤细飘逸。

二、礼佛乐舞

礼佛乐舞是经变画中礼佛、娱佛的乐舞，主要流行于敦煌壁画中。它们包括绘制于经变画上部的不鼓自鸣乐器，以及中下部的乐舞表演，其规模和阵容根据画面的规格及复杂程度而定。唐代是敦煌艺术的全盛时期，经变画同样也是在这一时期达到巅峰，因此经变画中的礼佛形象多具有唐代丰腴华贵的人物特征。唐代经变题材众多，且多气势恢宏、富丽堂皇，既代表了佛国世界的美好，又映射出大唐帝国的昌盛气象。

敦煌石窟中的乐舞图像吸收了中原乐舞、西域乐舞、印度传统歌舞及佛教音乐文化等不同文化的精髓，汇聚成独特、庞杂的敦煌乐舞文化体系。比较常见的有药师经变、观无量寿经变、法华经变和弥勒经变中的乐舞图像。

莫高窟初唐第 220 窟北壁的“东方药师佛经变”，有着保存较为完好和精彩的乐舞图像。经变画中下部的乐舞，是一个分为两组的 26 人乐队。西侧 13 人，所奏乐器为羯鼓、毛员鼓、答腊鼓、拍板、横笛、尺八、筚篥、贝、竖箜篌，另有一人要盘歌唱（图 5-18）；东侧 13 人，所奏乐器有腰鼓、都昙鼓、毛员鼓、拍板、方响、横笛、筚篥、排箫、筝、阮咸，也有一人要盘歌唱（图 5-19）。四个女舞伎横列一排在小圆毡上跳舞，其中两人身着锦服，下穿长裤，外罩纱裙，头戴宝石冠，手饰玉镯，肩披五彩飘带，轻歌曼舞；另外两人上身裸露，身披璎珞双手执五彩飘带大幅度平转。画中央绘一座灯楼，舞伎两侧各有灯树一株，场面华丽辉煌，气氛热烈。从舞者那飘举的衣带和灵活、夸张的动作可以看出她们正在欢快地旋转。这便是有名的“游牧民族旋舞”，相传唐玄宗与杨贵妃皆擅长此种舞蹈，当年的安禄山也是因为擅长“游牧民族旋舞”而备受玄宗的喜爱。

大型净土变往往分为上、中、下三层。最高一层是没有人演奏，却“天乐常鸣”的各类乐器。乐器也是天宫伎乐最重要的配饰，大约有三分之一的飞天是手持乐器的。例如莫高窟第 148 窟东壁南侧观无量寿经变中的净土庄严相顶部，绘有一排不鼓自鸣乐器，如琵琶、箜篌、笙、笛、腰鼓等，各类乐器都系着五彩

图 5-18 药师经变西侧乐队 初唐 莫高窟第 220 窟 北壁

图 5-19 药师经变东侧乐队 初唐 莫高窟第 220 窟 北壁

飘带，悬浮在空中。佛教经文里说，修炼到“三十三天”之上的“唱乐天”时，其境光明遍彻，永为白昼，乐声自作，这便是“自鸣天乐”的境界，这也是人们对理想世界的美好幻想（图5-20）。据统计，此铺观无量寿经变中共绘有54件乐器图像。

画面的下半部分是以虹桥相连的5座平台，中间为二人对舞，两侧共有4组乐队为之伴奏（图5-21）。再前又有二平台，其上各有一佛及众菩萨。台下池水清澈，莲花之上化生出童子。此铺壁画中的舞者刻画得非常生动形象，二人相对而舞，手握绸带，步伐轻盈，旋转往复，绸带飞舞如龙蛇腾跃，美妙绝伦。她们所跳的舞蹈是唐代中原地区最流行的长巾舞，唐代墓室壁画中也有很多类似这

上：图5-20 观无量寿经变顶部不鼓自鸣乐器 盛唐 莫高窟第148窟东壁南侧

下：图5-21 观无量寿经变下方乐舞图 盛唐 莫高窟第148窟 东壁

右：图5-22 观无量寿经变中的舞蹈“反弹琵琶”中唐 莫高窟第112窟南壁

种手持长巾翩翩起舞的女性形象。巾舞可以追溯到周代，在周代创立的“雅乐”体系中，就有执五彩缯而舞的《帗舞》。公元前3世纪初至公元3世纪的汉魏时代，巾舞已经正式用于宴飨。①

另一铺风格独特的观无量寿佛经变，在莫高窟的第112窟南壁，因铺面较小，所以它构图更为紧凑，但人物和复杂的环境设计井然有序，毫不杂乱。最为精彩的就是主尊阿弥陀佛座前，作反弹琵琶状的舞者。她将琵琶反背在身后，屈身向右，左腿直立，右腿向上腾起，上身向右倾斜，为了保持重心平稳，胯部向左顺势侧转，娴熟美妙的舞蹈就定格在这样一个美妙的动作中（图5-22）。其实敦煌的唐代乐舞动作差异挺大，但有一个共同特点，就是舞伎身体大多呈“S”形曲线，柔媚婀娜的身姿伴着敦煌乐曲呈现出特定的节奏韵律。

反弹琵琶舞者两侧各有6身乐伎，呈八字形布局。自右起分别演奏琵琶、阮咸、箜篌、鸡娄鼓、横笛和拍板等。前面又设计一平台，上绘4位伎乐两两相背，正在演奏琵琶、笙、筚篥和拍板。如此繁密的构图，正是为了呈现净土世界歌舞升平的美好场景。其乐舞场景是人间宫廷乐舞的折射，反映的是大唐乐舞的辉煌气象。

与莫高窟第112南壁经变画相似的是榆林窟第25窟南壁的观无量寿经变画。此画中的击鼓舞伎立于舞台正中，两侧各有乐伎4人，分别演奏拍板、排箫、横笛、箫、琵琶、笙、筚篥、法螺等乐器。舞伎梳高发髻，面庞丰圆，丰臀细腰，胸挂腰鼓，双臂舒展，十指张开，欢腾跳跃，专注击鼓，舞步轻盈，类似健舞。虽体态丰腴，但腾踏的舞姿与自然卷曲的长巾丝毫没有给观者以笨拙滑稽之感。经变画中的舞者高髻云鬓，面部丰腴圆润，温婉娴静，正如岑参诗中所描述的“朱唇一点桃花殷，宿妆娇羞偏髻鬟”。② 由此可见，在中唐以前，这些敦煌壁画中的乐舞形象虽然有些过分吸收唐代极端的审美标准，但人物形象刻画及细节处理皆充满了生机和活力，让观者随之心潮澎湃，但晚唐之后的乐舞图像却过于程式化，不仅在构图上缺少创新，人物也仅用朱色线条勾勒五官与外形，表情呆滞，面无生气，趋于雷同。

中国古代有“案其图以想其生也”③ 的说法，说的是通过图画的呈现，我们仿佛看到栩栩如生的真人在谈笑风生，我们也曾在白居易的《琵琶行》里领

① 《帗舞》来自周朝教育国子（贵族子弟）的《六小舞》。周代的雅乐中除了《六代舞》，还有祭祀乐舞《六小舞》，它们是《帔舞》《羽舞》《皇舞》《旄舞》《干舞》《人舞》。其中《帔舞》用来祭祀社稷，舞者执全羽或五彩缯而舞。据《隋书·音乐志》记载：“始开皇初令，置‘七部乐’……其后牛弘请存鞞、铎、巾、拂四舞……因称：‘四舞’按汉魏以来，并施于宴飨。”

② 王克芬、柴剑虹主编：《箫管霓裳·敦煌乐舞》，甘肃教育出版社，2007年，第27页。

③ 出自《韩非子·解老》。

略过“转轴拨弦三两声，未成曲调先有情”的意蕴。文字可以作为音乐的载体，同样，绘画也可以作为音乐、舞蹈的载体，在壁画中将这种美妙的视听感受呈现出来，这也可以称为“音乐图像学”的范例。敦煌壁画还拥有另一种特征——乐舞不分，这也源于中国传统文化中对于礼乐文化的理解，在观者眼中，敦煌壁画中的音乐图像往往又跟舞蹈的动作紧密相连，它们载歌载舞，似在演奏，似在起舞，无法分辨。例如上文所述的第 112 窟“反弹琵琶舞者”，根据器乐常识，我们知道这一动作是无法弹奏出美妙的乐曲，但这并不影响舞蹈动作的完美。同样，千姿百态的飞天伎乐形象，一边娴熟地拨弄乐器，一边在空中展现着优美的舞姿，乐中有舞，舞中有乐，乐舞交相辉映，充分发挥了中原古典乐舞中“圆”“流”“韵”的特征，形成了敦煌壁画中独特的“飞动美感”。

三、世俗乐舞

敦煌壁画中有丰富的人间世俗乐舞，包括供养乐舞、出行乐舞、宴饮乐舞、嫁娶乐舞等。这些乐舞形式多样，有自娱自乐的即兴起舞，也有专门演奏这些乐舞的出行图、宴饮图、嫁娶图或经变画中表现世俗生活的场面，不同程度地反映了这一历史时期社会不同阶层生活的风貌。需要特别指出的是，对比规格严整的经变乐舞，自娱自乐的世俗舞蹈更加自由活泼，人数、场合均无严格限定。

供养人是敦煌壁画的重要内容，而对于地位尊崇的供养人，唐代后期开始出现了规模宏大的出行图，这样不仅可以画上供养人本人，还有亲眷、属僚、侍从、奴仆，以及规模庞大的乐队、仪仗，既表现了对佛的礼赞，也彰显了家族的富贵及地位。如莫高窟晚唐第 156 窟南北壁的《张议潮出行图》和《宋国夫人出行图》，皆以长卷式出行图的形式显示其平时出行礼仪的场面，彰显其高门显贵和权势声威。

北壁下部的《宋国夫人出行图》中的乐舞表演（图 5-23），是行进中的，有音乐伴奏，有装扮表演，中间 4 名婀娜多姿的舞者，身穿花衣长裙，双手舞动长袖，右手高，左手侧平举，抬左脚欲踏出，身体微屈，从整体动作上看很像藏族弦子舞中向前迈步时屈身的一刹那。画中舞者虽着汉服，但舞姿却又带有少数民族的特点，旁边乐队由 6 人组成，所持为拍板、腰鼓、鸡娄鼓、笙、横笛、琵琶等乐器。画面描绘得真实生动，不仅表现了供养家族显赫的地位，

图 5-23 《宋国夫人出行图》晚唐 莫高窟第 156 窟 甬道北壁下部

图 5-24 《张议潮出行图》晚唐 莫高窟第 156 窟 甬道南壁下部

也把其现实生活的真实情景入画，使画面具有浓厚的生活气息。同时也映射出了当时敦煌地区汉蕃人民在文化生活等领域互相交流、互相影响的史实。

南壁下部的《张议潮出行图》中的乐舞表演，由于供养人身份的显赫而更加宏大精美（图5-24）。[①] 画面中，前面有 8 人组成的两列鼓吹开路，每列有两人击鼓，两人吹角。中间有歌舞 8 人，4 位男子着汉服、长袖，其右手叉腰位，举左手甩袖而舞，左脚微抬起欲向左踏出；4 位女子着吐蕃服装、长袖，其左手叉腰，右手抬舞袖，右脚稍抬起欲向右踏出。后面为 10 人组成的乐队，持各种乐器。其后是仪仗队和护旗卫士骑马缓行，整个队伍旌旗飘飘、浩浩荡荡，甚是威武。此图把当时张议潮出行时的盛况作了形象生动的描绘，宣扬、歌颂的意图呈现得淋漓尽致。从这两铺出行图中我们清晰地看到了晚唐时期贵族仪仗乐队的规制和特点，对研究晚唐时期经济、政治、文化发展具有很重要的参考价值。

还有一种普通供养人礼佛舞，如莫高窟盛唐第 23 窟北壁西侧法华经变中药草喻品、方便品中的拜塔舞（图 5-25），表现民间拜塔的场面。此幅画面上，一位着短袖上衣和短裙的舞者，两臂上举，虔诚望着眼前佛塔，左腿轻提后跟，贴近臀部，右腿微曲站立，正以略微夸张的动作礼拜起舞，舞者身旁有一匍匐在地、虔诚跪拜的人，舞者身后坐着 6 人乐队，吹击弹拨，为舞蹈伴奏，画面右侧榜题下，是 4 个正聚沙筑塔的儿童，身穿肚兜，稚拙可爱。

宴饮乐舞指的是在特定的宴请、经营活动中，为了增加热烈气氛，就会请一些乐伎表演乐舞，例如婚宴中的嫁娶乐舞，就是为了增加喜庆的气氛，请乐伎表演符合婚庆主题的乐舞。在经变画和故事画中有很多嫁娶图，它们虽然是根据佛经内容所绘，但描绘的却是当世民间婚礼的场面，如莫高窟盛唐第 445 窟弥勒下生经嫁娶图中的乐舞表演（图 5-26），宾客满堂，新郎新娘相视而立；中间有一人独舞，其舞风类似于唐代著名的软舞“绿腰”；右上方是三人持箫、钹、拍板伴奏。虽然这些民间乐舞从规模到绘制的精美程度上都远不如供养乐舞、出行乐舞，但它反映的是亲切的民间生活情趣和风貌。

还有一种乐舞形式，虽然表现的是佛教人物，但反映的却是世俗生活，那就是故事画乐舞，主要出自佛传故事、因缘故事或者神话故事。因为故事情节的需要，画里有时会出现乐舞场面，比如佛传故事画中“乘象入胎”“太子出生”“夜半逾城”“得道成佛”“双林涅槃”等情节中，为了烘托释迦牟尼的神圣伟大，画面上部或者两侧会画出一些礼赞的乐舞，但并不像经变画中的佛国乐舞那样严格、规整，反而富有浓厚的民间生活气息，如莫高窟五代第 61 窟的太子娱乐图等图中的歌舞活动。画幅虽小，但却是按照当时的衣冠服饰、舞蹈形象绘制，具有比较鲜明的时代特点和民族特征。

---

① 高德祥教授在《敦煌古代乐舞》中认为,《张议潮出行图》中的乐舞表演从形式上看似乎与唐代时期比较流行的《浑脱舞》有关。《新唐书·礼乐志》：“此见坊邑，相率浑脱队，骏马胡服，名日苏莫遮。”《浑脱舞》盛兴于唐代，但最初是流行于西域，是一种便于在行进间表演的舞蹈形式。

图 5-25　法华经变药草喻品、方便品中的拜塔舞 盛唐 莫高窟第 23 窟 北壁西侧

图 5-26　弥勒下生经嫁娶图中的乐舞表演 盛唐 莫高窟第 445 窟

第三节

迦陵频伽

敦煌石窟的净土变壁画中都会有一种鸟身人首的乐伎造像，上半身为人，下半身为鸟，有双翅，两腿修长，昂首如仙鹤，头部为童子或菩萨形象。这种鸟身人首的图像造型在敦煌壁画中被称作迦陵频伽，[①] 或迦陵鸟、妙音鸟。[②] 他们在壁画中也会手持各种乐器作演奏状，或反弹琵琶，或吹奏筚篥、笛子等乐器。

迦陵频伽多出现于 5 种壁画场景。①在净土变壁画中，在主尊佛的下方，礼佛乐队的两侧或前方，于水池前，曲桥或平台之上。一般作对称排列，与礼佛乐队相似，有时单独成为一组，只是阵容略小，往往中间一二身作舞，左右各一二身手持乐器伴奏。有些大型经变画，还设有两层迦陵频伽乐队，也有不持乐器、单纯作舞蹈飞跃的姿势；②绘于说法图中佛的周围，一般位于壁画两侧边沿处，左右对称；③绘制于石窟藻井的中心；④出现于佛龛之内，如莫高窟第 148 窟北龛佛背光图案；⑤绘制于石窟藻井边饰，如莫高窟第 12 窟，飞天与迦陵频伽同时出现。[③]

迦陵频伽的鸣声是佛的“胜相”之一，经常被用来比喻佛说法的声音动听。《大正新修大藏经》记载：“如来出声甚圆备，世间未能障其声。亦如迦陵频伽音，所闻清婉甚微妙。”

---

① 据丁福宝《佛学大词典》条目：“迦陵频伽，梵语 kalavinlka，巴利语 karavi^ka。又作歌罗频伽鸟、羯逻频迦鸟、迦兰频伽鸟、迦陵毗伽鸟。略称迦陵频鸟、迦娄宾鸟、迦陵鸟、羯毗鸟、鹍鹎鸟、羯脾鸟、频伽鸟等。意译作好声鸟、美音鸟、妙声鸟。”

② 《正法念经》称：“山谷旷野多有迦陵频伽，出妙声若人若天。”

③ 季羡林主编：《敦煌学大辞典》，上海辞书出版社，1998 年。

一、经变画中的迦陵频伽

初唐时，迦陵频伽的造像多以单独形式出现。如莫高窟第386窟阿弥陀经变中有一身迦陵频伽像。在乐队演奏的舞台下正中，有一站立的迦陵频伽，其身体似仙鹤，翅膀张开，两腿细长有爪，头为童子，作舞蹈状。又如莫高窟第372窟南壁，有以没骨法绘制的一身吹奏排箫的迦陵频伽，鸟身呈“V”字形，似立似飞（图5–27）。

到盛唐时，随着净土变壁画规模的增大，迦陵频伽作为“阿弥陀佛欲令法音宣流变化所作的妙音之鸟”，与不鼓自鸣乐器、伎乐一样是佛国世界中不可缺少的妙音，其数量和形象也在不断地增加和丰富起来。

莫高窟第445窟南壁阿弥陀经变中下方绘两身迦陵频伽。一身吹笛，一身弹琵琶，皆以一脚在前一脚在后的姿势站立，气宇轩昂，羽毛呈三层颜色组成的M形，或双羽锋向下，尾分成三片弯曲向上。

莫高窟第45窟北壁正中绘制极乐世界，中央是佛在说法，四周围绕听法的圣众，两侧有观音、大势至两大菩萨相对而坐。佛的身后是象征着极乐世界的宫殿楼阁，殿堂之周以回廊相通，前面则是建在七宝水池上的平台，右侧有7人乐

图5–28 迦陵频伽 盛唐 莫高窟第172窟 南壁

图5–27 迦陵频伽 初唐 莫高窟第372窟 南壁

队，迦陵频伽造像在其后右上角。右侧还有迦陵频伽乐伎正在吹奏，其他乐伎神态专注，丰腴的面部略微发胖，表情十分丰富，头戴花冠，配饰璎珞臂钏，斜披天衣，裙裤宽大，立于方毯之上演奏，可见乐器有鼗鼓、娄鼓、都昙鼓、箜篌、曲项琵琶、排箫、筚篥等，图中还有鼗鼓和鸡娄鼓并奏的情形。两侧有凤凰、孔雀等祥禽。

莫高窟第172窟南壁中的迦陵频伽很有特色（图5–28），与其他经变画中所绘不同。常见的造像中，迦陵频伽一般出现在说法图乐队的前方或两侧，而第172窟的这身迦陵频伽乐伎则立于左侧大殿回廊中，正作吹奏横笛状，其展开的双翅和竖起的鸟尾都富有律动感。

莫高窟第148窟建于盛唐。在东壁北侧药师经变画的药师佛前方，亦即画面的下半部分，在方宝池双梯上方有两身人首鸟身的迦陵频伽造像，仔细分辨可见两身迦陵频伽伎乐分别提起右腿相对而立，脚爪均有向前试探之势，这一微小的刻画赋予绘画以独特的律动感。一身迦陵频伽在演奏琵琶，另一身双手打开，掌心相对，口部张开，似在歌唱，两两相对好似用琵琶为歌唱伴奏。

中唐时的迦陵频伽，绘制技法已经非常熟练，画师开始更多地从细节入手，在神情、动作的刻画上更加精彩。榆林窟第25窟南壁的观无量寿经变中也有迦陵频伽，首先是在中央的乐舞场景中，与舞者相伴的是一弹奏琵琶的迦陵频伽，右侧四位演奏乐伎神情各异。第一位乐伎手持拍板，从右侧微笑仰视迦陵鸟乐伎；第二位乐伎眼睛平视迦陵频伽，手持排箫作协奏状，看似神情专注；第三位乐伎，手持横笛正吹奏，眼睛往左下侧斜视，右耳作倾听状；第四位乐伎，眼睛对视另一四人组乐伎，手持箫作演奏状。从细节处刻画，使得人与神鸟的互动表情活灵活现，乐舞的场景真实可见。在画面所绘的正殿东侧廊庑内，绘制有白鹤、迦陵频伽（图5–29），与其相对的西侧廊庑内绘制另一对灵鸟：迦陵频伽和孔雀（图5–30）。

莫高窟中唐第180窟南壁也有迦陵频伽双手执拍板对击的画面，迦陵频伽为人首鸟身鸟尾形象，双手执板，由深棕色线条勾勒而成，色彩已部分剥落，拍板由七块长条木块组成，上端由绳

上：图5–29　白鹤和迦陵频伽 中唐 榆林窟第25窟 南壁“观无量寿经变”中正殿东侧廊庑内

下：图5–30　迦陵频伽和孔雀 中唐 榆林窟第25窟 南壁“观无量寿经变”中正殿西侧廊庑内

子系连（图 5–31）。

莫高窟第 159 窟建于吐蕃统治晚期，为一覆斗形窟。前室西壁在西夏壁画下剥出吐蕃统治时期所绘的南北天王，南壁残存观无量寿经变。郑汝中先生认为，这是“观无量寿经队形新颖的乐队”（图 5–32），8 身乐伎呈两列向背而坐，分别面对舞伎伴奏，构图别开生面。演奏乐器有曲项琵琶、笙、排箫、拍板、筝、竖笛、箜篌和铙。击铙乐伎左手在上，右手在下持铙上下对击。两身迦陵频伽分别位于乐队的斜上方。此幅中的乐队与迦陵频伽，其方位和构图与盛唐时期的经变画截然不同。

晚唐时期，由于净土宗的进一步普及，经变画中对迦陵频伽乐伎的崇尚有了新的变化。例如第 192 窟南壁有 5 身迦陵频伽乐伎（图 5–33），不再作为乐队的陪衬，而直接进入表演的态势。其表演形式，也是中间有一身双头主奏乐伎，展翅张臂，反弹葫芦琴，周围有 4 身迦陵鸟乐伎伴奏，地面为菱形格花纹。迦陵鸟从一身作为乐队陪衬的单个乐伎或协奏的造像，逐步转向多身乐伎同时出现的状况。

左：图 5–31　迦陵频伽双手执拍板对击 中唐 莫高窟第 180 窟 南壁

右：图 5–32　观无量寿经变中的乐队与迦陵频伽 中唐 莫高窟第 159 窟 南壁

上：图 5-33　迦陵频伽乐伎 晚唐 莫高窟第 192 窟南壁

下：图 5-34　迦陵频伽乐队 五代 莫高窟第 61 窟南壁

在之后的五代时期，迦陵频伽以乐队表演形式多身同时出现。例如莫高窟五代第 61 窟南壁，出现了 5 身迦陵频伽组成的乐队（图 5-34）。这 5 身迦陵频伽乐伎排列较为整齐，主奏琵琶在正中，左侧前方为横笛，右侧前方为箫，后侧左右各有一身手执拍板，作演奏状“正在佛前奏乐起舞”。此时，这种人首鸟身的乐伎作为佛界重要的使者，来传递神圣净土中的佛教音乐美学。

二、装饰纹样中的迦陵频伽

在营建于中唐的莫高窟第 360 窟，我们可以看到主室覆斗顶藻井的井心为一朵卷瓣莲，莲心绘迦陵频伽（图 5-35），图中的迦陵频伽头戴宝冠，怀抱曲项琵琶，展翅飞翔于祥云之中，象征着天国的幸福与纯净。由三种颜色设计羽毛，其羽锋弯曲上翘形成 V 字形，而尾部为卷草纹构成的团花形，较其他场景中的迦陵频伽 S 形卷草纹尾更具对称美，翅膀与尾部组成一个完整的 C 形并向内弯曲，这是一身极富装饰味道的迦陵频伽造像。在晚唐的莫高窟第 9 窟，也出现了这种迦陵频伽手弹琵琶为中心的藻井样式（图 5-36），由此可见，此种造型及构成方式已经较为流行。

此外，在莫高窟第 148 窟南北两壁龛佛像的背光处还画有迦陵乐伎的图案。南、北两龛佛背光中的 8 身迦陵频伽与东壁经变画中的迦陵频伽在整体特征上均不相同。背光中的迦陵频伽概括性更强，身体为白色，头上未戴宝冠，面部为童子像，手持横笛、竖笛、笙、琵琶等乐器，呈飞翔状演奏。我们平日所熟知的是在佛背光中绘制飞天，但绘迦陵频伽的目前也仅见此一例。

在晚唐的莫高窟第 12 窟窟顶四周的边饰图案中，各有一身迦陵频伽回身奏乐的图案，极具动感和装饰美感。此窟的藻井有卷云纹、团花纹、方胜纹、回形纹、菱格纹、缠枝凤鸟石榴卷草纹、三角及五彩长幡铃铛垂幔。在垂幔外边，绘制了一周正演奏横笛、琵琶、筚篥、排箫、笛和钹等乐器的飞天，以及不鼓自鸣乐器。迦陵频伽与飞天、不鼓自鸣乐器相环绕的构图在莫高窟仅此一例，它表现了迦陵频伽形象在唐代地位的不断提升。

图 5-35　迦陵频伽 中唐 莫高窟第 360 窟 主室覆斗顶藻井

图 5-36　迦陵频伽 晚唐 莫高窟第 9 窟 灵鸟平瓣莲花纹藻井

小结

中华文明在中古的全面发展使得诗歌、音乐、舞蹈走向了新的高度，“乐舞精神”不仅体现在舞蹈的造型与旋律上，也出现在诗歌、音乐、绘画的节奏、音韵和灵动上，而这种精神也成为中华文明的生成基因，幻化为华夏艺术的血肉灵脉，成为我们认识中国传统艺术的美学锁钥。[①] 这种特征再幻化入中国的书画艺术，就成为“翩若惊鸿，婉若游龙”的书法、“抚琴动操，欲令众山皆响”的山水画。

石窟壁画中的乐舞图像，成为我们进一步解析佛教艺术美学的最好例证。乐舞是综合的视听艺术，再结合空间形态的壁画艺术，完美地视觉呈现，让我们感受到的是流转自如、飘然若飞的艺术之美。例如莫高窟第112窟的“反弹琵琶”伎乐，择取了舞蹈动态中的瞬间，却让我们回味和遐想整个情境。我们似乎可以从她缓若云雪、柔若拂柳的身形，情真意切的会心微笑，感受到那一抹情愫和动静之间的传神。

天人合一、时空交错、动静相应是深驻于中国人灵魂深处的观念，并由此衍生为对人生、宇宙的思索。中华文化中的“乐舞精神”也是在各艺术部类中不时强化着时间意识、空间意识，时空一体，呈现出肇始于自然又超乎自然的无穷妙趣，虚实相生与气韵生动并行的审美意趣。“天衣飞扬、满壁风动”确实为我们展现了石窟艺术中最美的瞬间。

① 易存国：《乐神舞韵：华夏艺术美学精神研究》，黑龙江人民出版社，1992年，第4页。

中国
佛教美学
典藏

第六章 交相辉映

石窟里的装饰艺术

图案在石窟艺术中是完美的搭配者，但又具有相对独立性。依照图案在石窟中的不同位置及性质，我们可以把它分为建筑、服饰、佛具及边饰4种。在这一章节里，我们主要以石窟建筑中最重要的窟顶装饰及佛具中的佛龛楣式为对象，分析各种图案的来源、发展脉络，描述其在不同载体和组合中所形成的节奏变化及艺术美感。

第一节

龟兹券顶

以拜城县的克孜尔石窟为代表的龟兹石窟群，包括拜城县的台台尔及库车县境内的库木吐喇、森木塞姆、克孜尔尕哈等石窟。龟兹石窟群中那些早期凿建的用于进行礼拜等宗教活动的石窟，多为中心柱窟，但其主室券顶的构造及艺术形式在不同时期有所不同。

这些中心柱窟，平面多作长方形，在洞窟中央或后部有一连接地面与窟顶的方形柱，柱下部为基座，柱身四面凿龛，龛内置佛及菩萨造像。柱体四周形成通道，顶部多为平顶。这种中心柱的形制，是为了供僧徒绕行礼拜，渊源于印度的塔庙——窣堵波和支提①。

克孜尔石窟的早期中心柱窟，主室多为纵券形窟顶，平面与后甬道等宽或稍宽，顶部与侧壁连接处，均为一层叠涩基。券顶分为中脊和侧壁两部分。中脊是指券顶隆起最高处的一条带状部位，侧壁系中脊左右两侧的壁面。中脊主要绘制天象图，也有少量窟内绘制因缘故事。两侧壁绘制菱形格壁画，题材主要是本生故事、因缘故事及坐佛三类。色彩艳丽，简洁明快，多由石青、石绿、黑色和白色构成。

天象图独特的构图形式体现了龟兹地区佛教信众所特有的宇宙观，其通常由日天、月天、风神、金翅鸟和立佛组成。克孜尔石窟中大概有7个窟的天象图保存较为完好，其形象特征和组合方式有一定差异，可以轻松辨识。

克孜尔第38窟主室券顶中脊所绘的天象图（图6-1），依

① 《魏书·释老志》中有“塔庙”之称，佛教僧人又有“入塔观像”的做法，塔即佛殿。

图 6-1　天象图 约公元 4—6 世纪 克孜尔石窟第 38 窟 主室券顶中脊

次为日天、风神、立佛、双头金翅鸟、风神、立佛、月天，周围饰以团花。着右袒式袈裟的立佛右手上举持钵，左手置于胸前，身后有头光及 4 条光焰，胯部向右轻摆，跣足而立。日天为圆形，中绘辐射状光芒，为观世音化身，住太阳宫，名为宝光天子（图 6-2）。月天为弯月形，周围环绕 16 个星点，为大势至菩萨化身，住月宫，名宝祥天子（图 6-3）。日天与月天周围皆环绕四只天鹅。[①] 金翅鸟为双头双身鹰形，口中分别衔一蛇形龙。风神为一半身赤裸、双乳下垂的人形，双手执一向上飘起的风袋，置身于云气之中。券顶两侧壁，各绘六排尖圆形瓣状菱形格壁画，均采用一排本生与一排因缘画交错排列的形式。本生画形式多样，由各种人物、动物组成不同画面，因缘画则由方座上的坐佛和旁边不同的互动形象来表现不同的故事内容。为兼顾整体布局，第一排本生画上加绘了一排小菱格，最下方加绘一排半菱格，内绘禽兽和飞鸟。

克孜尔第 171 窟主室券顶（图 6-4），在壁画的绘制上更加精细，造型也更

① 《秘藏记末》曰：日天赤肉色，左右手持莲茎，乘四马车轮。月天白肉色，杖上有半月形，乘三鹅。

左：图 6-2 天象图（日天）约公元 4—6 世纪 克孜尔石窟第 38 窟 主室券顶中脊

右：图 6-3 天象图（月天）约公元 4—6 世纪 克孜尔石窟第 38 窟 主室券顶中脊

下：图 6-4 主室券顶 约公元 5—7 世纪 克孜尔石窟第 171 窟

加丰富。中脊的立佛身后增加了精美的身光，金翅鸟的形象变成了人首双鹰身的式样，菱形格的造型变为长圆形，呈舌状，增加了宝珠形装饰，同时在坐佛的背光上面精心绘制了花簇，整铺壁画由石青、石绿、土红、深棕及白色构成，异常精美。

这种纵券顶菱格形式的布局，呈现出独特的美学特征。首先是秩序化。形式的对称与重复带来画面强烈的视觉冲击力以及整体的和谐性。这些菱格本生故事，以最为简单和质朴的手法，通过单个元素符号的重复加强了艺术作品整体的视觉感受。其二是色彩的韵律感。菱形格壁画具有复杂的色彩结构，不同的色彩在单位菱形格内，闪烁着其颜色的本质属性，并在该区域内保持着色彩的稳定性，与周围临近色块互相衬托、相互对比、互相穿插，共同构成了壁画作品的整体性绚烂，并产生出如音乐般强烈的色彩韵律感。在细节上，有时也会通过两个人物肤色的对比，使单个菱格也具有节奏美感，使壁画拥有犹如音乐一般美妙的旋律。

龟兹石窟第二阶段的窟顶形制，除了沿用早期中心柱窟，还出现了斗四披、一面披顶、平棋顶、穹窿顶等不同式样，建筑装饰也变得更加丰富。

克孜尔石窟第123窟的主室券顶为穹窿顶（图6-5），中心为一朵大莲花图案（现已损毁），图案四周由若干条放射线将穹顶分割成8个独立的梯形画面单位，各梯形单元均由中心向

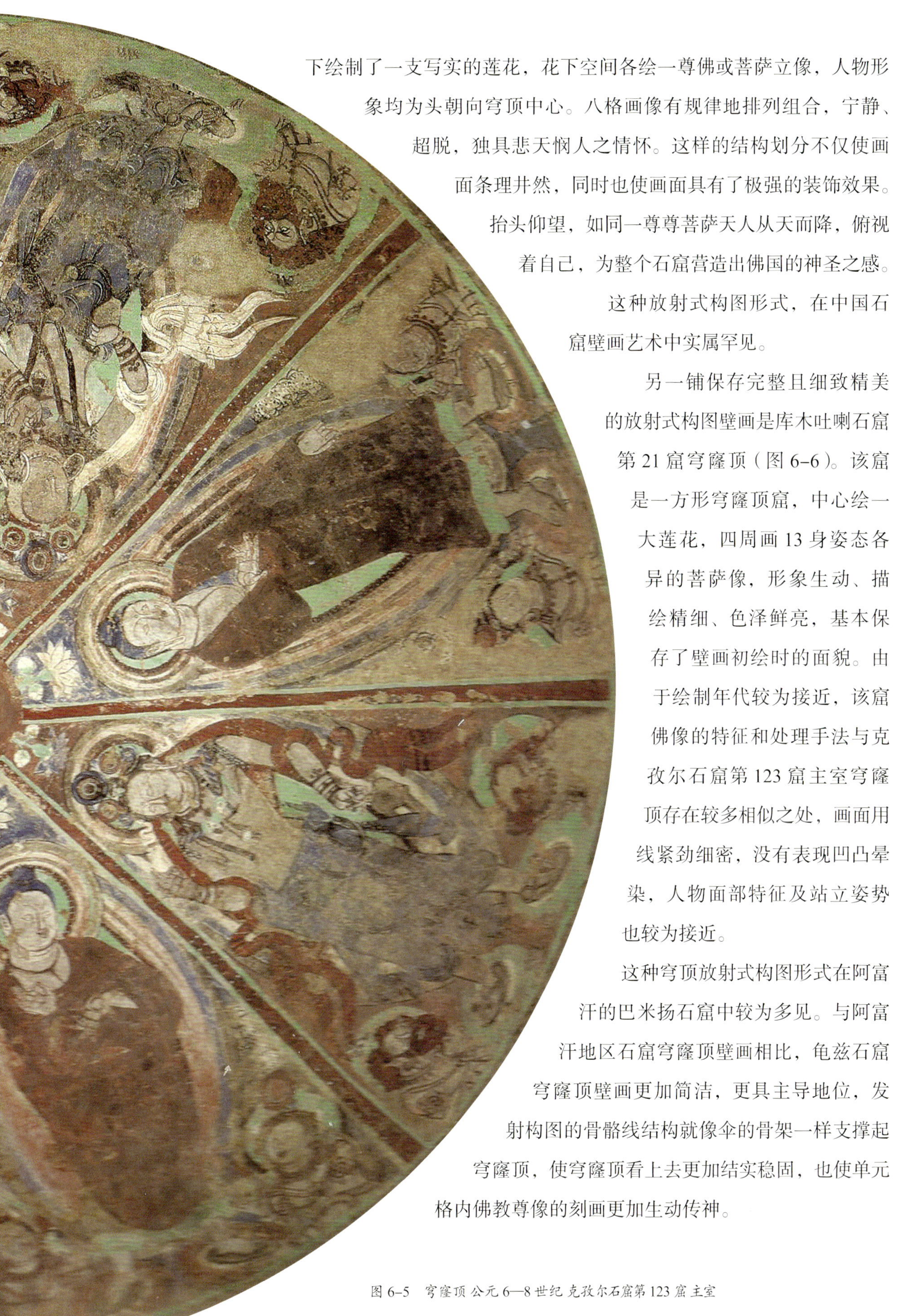

下绘制了一支写实的莲花，花下空间各绘一尊佛或菩萨立像，人物形象均为头朝向穹顶中心。八格画像有规律地排列组合，宁静、超脱，独具悲天悯人之情怀。这样的结构划分不仅使画面条理井然，同时也使画面具有了极强的装饰效果。抬头仰望，如同一尊尊菩萨天人从天而降，俯视着自己，为整个石窟营造出佛国的神圣之感。这种放射式构图形式，在中国石窟壁画艺术中实属罕见。

另一铺保存完整且细致精美的放射式构图壁画是库木吐喇石窟第 21 窟穹窿顶（图 6–6）。该窟是一方形穹窿顶窟，中心绘一大莲花，四周画 13 身姿态各异的菩萨像，形象生动、描绘精细、色泽鲜亮，基本保存了壁画初绘时的面貌。由于绘制年代较为接近，该窟佛像的特征和处理手法与克孜尔石窟第 123 窟主室穹窿顶存在较多相似之处，画面用线紧劲细密，没有表现凹凸晕染，人物面部特征及站立姿势也较为接近。

这种穹顶放射式构图形式在阿富汗的巴米扬石窟中较为多见。与阿富汗地区石窟穹窿顶壁画相比，龟兹石窟穹窿顶壁画更加简洁，更具主导地位，发射构图的骨骼线结构就像伞的骨架一样支撑起穹窿顶，使穹窿顶看上去更加结实稳固，也使单元格内佛教尊像的刻画更加生动传神。

图 6–5　穹窿顶 公元 6—8 世纪 克孜尔石窟第 123 窟主室

图 6-6　穹窿顶 库木吐喇石窟第 21 窟

在克孜尔石窟第 67 窟，我们也看到另外一种更为简洁明快的形式（图 6-7）。这是一方形穹窿顶窟，圆形天井中心以线刻的方式作圆莲装饰，再以半径为界，分成 12 条放射线，空间中不绘制形象，仅作简单装饰。其外又装饰多层图案，图案主要由各种变形忍冬、鱼鳞、几何、垂角、帷幔及散花等纹样构成，其中最为精彩者是由变形忍冬纹组成的波状卷曲的枝蔓，蔓茎端延伸出圆形点状花朵，极具异域风情。

图 6-7 穹窿顶 公元 5—7 世纪 克孜尔石窟第 67 窟

第二节

敦煌藻井

莫高窟北凉三窟是敦煌最早的3个洞窟。其中，第272窟为平面方形的殿堂窟，窟顶形式与后来的覆斗形顶相似，中央为方形藻井，浮塑叠涩式井心，从最外层的方形边缘到中心，每层边框旋转45度，共有三层叠进，层层伸进，图案设计简单，仅在最外层夹角处各绘制一身飞天（图6-8）。叠涩式藻井最早源于西亚和中亚的宫殿建筑，在印度的寺院及阿富汗巴米扬石窟中出现较多。在中国，较早出现于东汉的墓室顶部，但并不普遍。在克孜尔石窟出现较多，如克孜尔石窟第165窟（图6-9），方形窟，窟顶作斗四套斗形顶，层层套叠，向上隆起。此窟套斗升起6层，中央隆起一圆形小穹窿。每层夹角的三角形区域内绘以图案，其中第二层4个角各画一只双头金翅鸟。这种匠心独具的窟顶设计对敦煌早期窟顶形制产生了重要影响。

中心方柱窟是敦煌石窟北魏时最流行的洞窟。甘肃河西地区的天梯山石窟、马蹄寺石窟、金塔寺石窟等时代较早的石窟均为中心柱窟。敦煌的中心柱窟是从河西发展而来的，既不同于龟兹地区，也与中原地区有别，特别是中心柱窟的

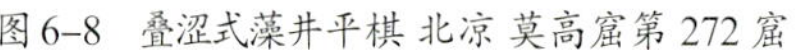

图6-8　叠涩式藻井平棋 北凉 莫高窟第272窟

图 6–9　叠涩式藻井平棋 公元 5—7 世纪 克孜尔石窟第 165 窟

平棋与人字披顶相结合的形式，是其独特之处，表明了汉文化在敦煌地区的深厚影响。

平棋是古代宫殿内顶部的装饰，俗称天花板。其单元结构是 4 条木板结成一个方井形，方井之内再交错叠套，方井中央饰以莲荷，即古代建筑所说的“交木为井，反植荷蕖”。由此重复相连，即为平棋，或称为斗四方井套叠平棋、抹角叠砌平棋。在汉代的墓室顶部也有此种类型的画像砖顶部平棋造型。

敦煌石窟北朝的平棋图案，是以北朝的各种纹饰和边饰组合而成的。北朝的色调多以土红色为主，色彩浑朴热烈；造型简洁单纯，纹样种类较少，仅有莲荷纹、忍冬纹、几何纹、云气纹、祥禽瑞兽纹等。

敦煌石窟北魏的平棋图案绘制在中心塔柱窟内。窟顶前方为人字披形，后部为绘制平棋的平顶部分。绘有平棋图案的石窟还有甘肃酒泉的文殊山石窟、新疆的高昌石窟，山西大同的云冈石窟和河南的巩县石窟等，但其窟顶前部没有人字披；有人字披的中心塔柱窟，较早的仅有甘肃武威的天梯山石窟，即凉州石窟。[①]

莫高窟北魏第251窟的窟顶平棋图案及色彩都较为简洁，中心方井绘制了莲花与水涡纹，外层四角以白地四莲花与红地四飞天相间，每排平棋间隔长条色带，色带上绘制点、几何、忍冬等纹饰（图6-10）。人字披的艺术风格与平棋较为一致，只是色彩为了相互映衬而设计得更加鲜亮明快。如莫高窟第431窟窟顶人字披上塑出椽子，简单绘制几何纹饰，与北魏风格早期一致。

西魏是艺术风格有所改变的朝代，色调变得清新明快，刻画更加精细，出现了一些新的纹样，除了之前的莲花和忍冬纹样，还增添了化生童子、孔雀、鹦鹉等组合形象，使图案变得华丽而丰富，具有浓郁的民族风情和生活情趣，边角装饰中的伎乐天也变成了“秀骨清像”式的飞天。从窟顶设计来看，西魏的藻井设计更加精美，如莫高窟第285窟，为一覆斗顶方形窟，规模宏大，构造精巧，中心方井上绘有水涡纹及覆莲，中层四角画火焰纹，外层四角画莲花，边饰为忍冬纹，藻井四周为双层垂幔，四角为兽首衔玉佩、流苏、羽葆，形成了敦煌石窟中第一个华盖式藻井。其边饰的伎乐天人，身材修长、姿态舒展、衣带飘举，与流云、鲜花相互映衬，宛若仙境。

直到隋代，由于更进一步吸收中原汉文化与新来的西亚风格艺术，形成了较为成熟、完善的藻井图案体系。隋代藻井根据方井结构和中心纹样可以分为4类：斗四套叠方井藻井、飞天莲花纹藻井、缠枝莲花纹藻井、多瓣大莲花纹藻井。其中，后三种为隋代中期新出现的样式。如莫高窟第407窟的三兔藻井（图6-11），从风格和布局可以认定其为隋代中晚期较为流行的样式。该窟于覆斗形窟顶绘千佛，中央饰藻井，井心宽大，绘一朵八瓣大莲花，花瓣重叠，花心画盘旋追逐的三兔纹，改变了北朝以来流行的单纯莲花井心，莲花四周蓝色底上，画环绕飞翔的8身飞天，姿态优雅、裙带翻飞，世人仿佛可以由天井仰望到蔚蓝色的天空，井心四边画菱格莲花纹边饰和铺于四披的垂角帷幔。另外还有莫高窟第398窟的斗四二层叠涩藻井（图6-12），井心画十六瓣大莲花，花心为四色旋转法轮状图案，井心周边为赭红色底，其上用黄白线勾勒菱格纹，代替了前期流行的忍冬纹，四抹角画火焰宝珠，垂角帷幔铺于四披。

唐代建立7年后敦煌地区才归中央管辖，在平定高昌后，中原文化艺术源源不断地输入这一区域，新的装饰纹样随之不断传入石窟。覆斗顶窟是唐代最

① 敦煌研究院编：《敦煌石窟全集·图案卷》，香港商务印书馆，2003年，第45页。

图 6–10　窟顶平棋 北魏 莫高窟第 251 窟

图 6-11　三兔藻井 隋 莫高窟第 407 窟

上：图 6–12　叠涩藻井 隋 莫高窟第 398 窟

下：图 6–13　覆斗藻井顶 唐 莫高窟第 209 窟

为流行的洞窟形制。初唐藻井的装饰风格更多是延续了隋代遗风，在纹样类型上增添了石榴和葡萄等西域纹饰。例如莫高窟第 209 窟（图 6–13），主室为覆斗藻井顶，藻井的中心方井以 4 个石榴对称排列，8 串葡萄及枝叶缠绕交错。最为精巧之处在于方井中心的 4 个石榴与四角石榴构成“十”字，4 片葡萄叶与缠枝又构成“十”字，构建成“米”字框架，八串葡萄环绕石榴，组成方圆相套的形式。方井凸起的立面也协调以葡萄卷藤纹，充满异域风韵。边饰有团花、联珠、方格、鱼鳞等纹样，其外装饰垂角和帷幔。色彩更加清雅高贵，以青、绿、赭、褐、白搭配。

唐代开始流行的葡萄纹分为写实和写意两种形式，后者设计如“品”字形，是一片三弧或五弧小叶，多重叠置，叶片上画小弧线，宛如葡萄颗粒，异常精巧。[①] 葡萄纹样源于西亚，但在新疆东汉时期的毛织物上就发现有此纹样，距离敦煌较近的楼兰佛寺遗址出土的三四世纪木器残片上亦刻有葡萄纹。开凿于北魏的山西大同云冈石窟第 12 窟的明窗边沿，河南洛阳龙门石窟古阳洞北壁的佛龛龛楣上均雕有忍冬葡萄纹，风格较为写实（图 6–14）。敦煌隋代第 401 窟佛背光中也绘有葡萄卷藤纹，但和云冈、龙门石窟的风格略有不同。初唐的葡萄纹是从藻井的运用开始，到盛唐时期，已经形成了完全中国化的缠枝莲花葡萄纹。

石榴纹样也传自西域。在阿富汗巴米扬石窟第 167 窟前庭顶部的壁画中即有由长方格组成的带状纹饰，每格内画两个忍冬叶合成的桃形纹，有的桃形纹中还增加了一片多裂阔叶。北魏石窟中也出现过一种由两片忍冬叶相背合成的纹样，外周环以缠枝。隋代第 401 窟的边饰中，也出现了完整的由四对忍冬桃形纹组合的莲花纹饰，应当说它就是唐初石榴莲花纹样的雏形（图 6–15）。

初唐时还有一种藻井纹饰更接近中原风格。例如莫高窟第 372 窟的窟顶藻井（图 6–16），因窟形较小，结构也较为简单，色彩也更加简洁明快。井心画变形莲花，花瓣分三层，外层为桃形瓣，中层为卷云纹，内层为圆叶纹并与卷云纹联成环状。方井外为缠枝卷草边饰，垂幔为方块鱼鳞纹和三角纹。此铺藻井的组构比例及团花变形设计已接近汉风浓郁的盛唐时期。

盛唐是莫高窟艺术的鼎盛时期，内容丰富、色彩绚丽、绘制精美。装饰图案也不例外，组构纹样的母体纹样已发展至完备，同时其衍生纹样也呈现出丰富多彩的面貌。藻井图案作为覆斗形窟顶的装饰形式，发展至盛唐已成基本定

① 敦煌研究院编：《敦煌石窟全集 · 图案卷》，香港商务印书院，2003 年。

图 6–14　佛龛龛楣 北魏 龙门石窟古阳洞 北壁

式，由方井、边饰、垂幔三部分组成。盛唐的中心方井多为莲花变形而成的团花样式，大致分为 4 种：桃形瓣莲花、叶形瓣莲花、团花形莲花、杂花形莲花。不同花形流行于不同阶段。如莫高窟第 171 窟的叶形瓣莲花纹藻井，中心方井较小，莲花呈团状。方井外围边饰层多，由内向外分别为：菱格纹、百花草纹、小方格纹、白色联珠纹。垂幔绘圆叶纹与长圆形彩幡铃铛纹饰，这种繁缛华丽的纹饰风格比较接近盛唐后期（图 6–17）。

中唐即吐蕃时期，敦煌石窟装饰图案与盛唐相比，风格上有显著差异，图案设计弃繁从简，色调也从浓艳变为清新淡雅。藻井装饰中开始流行茶花纹，其实茶花纹脱胎于盛唐时期的百花草纹，从盛唐末至中唐开始流行，陕西西安出土的唐代黄鹂折枝花纹银盘以及新疆吐鲁番阿斯塔那出土的大历年间的飞鸟茶花纹织锦，都彰显了这种纹饰的成熟及流行程度。

图 6-15 忍冬桃形纹组合的莲花纹边饰 隋 莫高窟第 401 窟

图 6-16 窟顶藻井 初唐 莫高窟第 372 窟

图 6-17 叶形瓣莲花纹藻井 盛唐 莫高窟第 171 窟

莫高窟第361窟为中唐时期的洞窟，其窟顶为凤鸟卷瓣莲花纹藻井。方井内绘一卷瓣莲花，莲心绘迦陵频伽，又名妙音鸟，人首鸟身，发声微妙，其音清雅。图中迦陵频伽头戴宝冠，怀抱琵琶，足踏彩云，展翅翱翔，象征着天国的自由、快乐与纯净。四周边饰团花、云头纹、回形纹、菱形纹、白色联珠纹、茶花卷草纹、垂角纹及彩铃幔纹。整体色调清淡雅致。

在晚唐，窟形及装饰分布有了一定变化，但装饰风格日渐程式化，并无新的装饰纹样补充。在原有团花井心的基础上，又出现一种以密宗图像为中心的藻井式样。如莫高窟第161窟观音像藻井（图6-18），覆斗顶绘千手千眼观音一铺，菩萨手持法器，结跏趺坐于莲花座上。四角绘童子飞天和供养飞天。方井边饰白色联珠纹、回形卷草纹和垂幔。边饰层由简而繁，色彩由淡而浓，层次感极强。四披各画观音一铺，环绕听法菩萨十组，密密匝匝、布满四披，疏密有致的布局及刻画生动的人物形象，使得此窟的效果超越了通常的千佛装饰效果。由于石绿和赭红矿物质颜料的固色性较好，使得整个窟顶在灰暗的石窟中熠熠发光、色彩如新。

另外一铺刻画精美的藻井图案是莫高窟第14窟，与上述第161窟同为密宗题材（图6-19）。方井中心画两个相交成“十”字的金刚杵，以方胜纹、团花纹为边饰。内层边饰以外，四面各画佛一铺，为四方佛赴会说法相，分别为：东方香积世界的阿閦佛（另说药师佛），南方欢喜世界的宝相佛，西方安乐世界的无量寿佛，北方莲华庄严世界的微妙闻佛，身侧均有二胁侍菩萨和众多供养菩萨，方井之外又有石榴卷草纹边饰及垂角帷幔。这样场面宏大、构图繁复的方井图案，在莫高窟其他时期的石窟中是很少见的。

敦煌石窟在经历了一段衰落期后，于五代形成了新风格和新气象，其中最具特色的便是团龙藻井图案。龙在汉文化中，既是神灵的化身又是权力的象征，具有深层的意义。五代时更加推崇对龙的崇拜，宋代郭若虚《图像见闻志》中专门有“论画龙体法”，还总结出画龙“三停九似”的妙诀。[①] 而龙纹作为四灵[②]或四神[③]之一雕绘于建筑或其他工艺品之上也非常普遍。敦煌石窟图案中的龙纹，自北朝时期就较为普遍。如北朝佛龛龛楣两端塑绘龙首或者盘龙，隋代窟顶平棋中的莲花盘龙纹，井心外侧的龙纹图案，以及五代石窟门两侧多画《龙王礼佛图》，但这些龙都是作为佛陀护法的形象出现。而五代石窟藻井中心的团龙是皇权思想的象征，这种团龙藻井在中唐只在第369窟出现一例，时至五代才开始流行。在石窟形制上，五代的窟顶中央是华丽的团龙藻井，四披角隅呈凹弧形，画四大天王守护，其形类似于龟兹石窟的穹窿顶，但却与其中亚体系的风格大相径

① ［宋］郭若虚：《图画见闻志》，人民美术出版社，2016年，第105页。
② 《礼记·礼运第九》卷四曰：“麟、凤、龟、龙谓之四灵。”
③ 《礼记·曲礼上第一》卷一曰：“行，前朱雀而后玄武、左青龙而右白虎”，其疏曰：“朱鸟、玄武、青龙、白虎，四方宿名也。”

图 6-18 观音像藻井
晚唐 莫高窟第 161 窟

图 6-19 藻井晚唐 莫高窟第 14 窟

图 6-20　覆斗形窟顶藻井 五代 莫高窟第 61 窟

庭。五代石窟窟内的整体布局形同宫殿之中的百官临朝，体现出明显的皇权思想。

团龙藻井绘制最为精美、保存最为完好的是莫高窟第61窟（图6–20）。此窟为五代沙州统治者曹氏家族的功德窟。覆斗形窟顶中央为团龙鹦鹉井心，四披画千佛，窟顶四角绘天王。井心团龙，头上有角，口衔宝珠，前爪伸出，方井外沿层层绘制联珠、团花、回纹等纹样，最外层的双凤衔花纹饰最具时代特色，绘制也最为精细华丽，与垂角、帷幔、彩铃、流苏铺于四披，色彩延续中唐以来清新淡雅的风格，尤其是整个石窟在石绿色的主调之下，与土红、深赭等对比色相互映衬，构成了既对比鲜明又协调统一的佛国世界。

西夏时期佛教艺术的高峰在榆林窟。西夏石窟藻井的纹样呈现与五代、宋不同的艺术风格，其内容多为藏密图像，艺术风格呈现多种文化杂糅的特征。在边饰纹样上，模仿宋代建筑的彩绘纹样，主要纹样也与宋代《营造法式》所列图例相同。如球璐纹、六出龟纹。

榆林窟第3窟是最具代表性的西夏窟，延续了之前密宗图像藻井宏大的特点，井心为金刚界的曼荼罗（图6–21）。坛场中央为大日如来，东面为阿閦如来，西面为无量寿如来，北面为不空成就如来，南面为宝生如来。四佛之间的四隅画宝瓶合成中心圆轮。圆轮外方形坛场四隅画四身菩萨。坛场四门各画一身明王像。这是具有浓厚藏传佛教艺术特点的形象，整个曼荼罗图案方圆套叠，环环相扣，象征佛法的无所不包。用色浑浊大气，对比强烈。

榆林窟第3窟的窟顶曼荼罗周边纹饰也异常精美，从里到外依次为球璐纹、回纹、波状卷草宝相花纹、千佛、莲瓣纹、龟背纹、鸟兽纹及垂幔（图6–22、图6–23），既有传统汉民族纹饰又有异域风格的外来纹饰。精致的边饰与庄重的曼荼罗主题图像相辉映，巧妙地为整个洞窟烘托了神秘、庄严的气氛。

图6–21 密宗图像藻井 西夏 榆林窟第3窟

图 6–22　密宗图像藻井（局部）西夏 榆林窟第 3 窟

图 6–23　密宗图像藻井（局部）西夏 榆林窟第 3 窟

第三节 龛楣装饰

龛楣图案是画在佛龛楣额上的装饰。中国石窟早期的佛龛有两种形式，一种是西域式圆拱形龛，一种是汉式阙形龛。圆拱形佛龛楣额呈桃形，两端向下的弯弧坐落在龛口两侧的立柱上，龛楣及立柱上或为素面，或有精美的纹样装饰。在新疆楼兰古城出土了一件大约制作于公元3至4世纪的残木雕，横向连续雕刻5个佛像龛，龛楣两侧为科林斯柱式，而在新疆克孜尔石窟内的壁画上，多以素面圆拱形佛龛为主，这种佛龛造型传自中亚，它们对敦煌石窟及云冈石窟的佛龛楣饰产生了巨大的影响。[①]

敦煌莫高窟第272窟正面佛龛龛形简洁，在龛沿上部画有仿束帛形龛梁，龛梁上部绘有火焰纹龛楣，两头有兽面纹，佛龛内凿刻出穹窿顶，顶部绘制圆形伞盖，周边为垂角纹，佛像背后精细绘制数层头光和身光，这种佛龛内凿刻较深的形式只在敦煌石窟中出现过。

敦煌早期龛楣图案多为西域式，但自北魏开始出现西域与中原的混合式，龛楣的楣面、楣梁及龛柱均为泥质浮雕再施以彩绘。例如莫高窟第435窟中心柱东面的佛龛（图6-24），龛楣为尖拱形，泥塑楣面、龛梁，龛楣下部为凸起的半圆形楣梁，两端巧妙地各塑一龙首，其上绘五彩斜方格，楣面中央绘化生童子，两臂伸展，手握莲枝，已化生半身，两侧各有一个化生童子从莲瓣中伸出头来，周围是缠枝及未化生的莲花，龛楣外侧绘有一圈鳞甲纹和火焰纹带，其外由白色联珠纹线条勾

---

① 敦煌研究院编：《敦煌石窟全集·图案卷》，香港商务印书馆，2003年，第75页。

图 6–24　佛龛龛楣 北魏 莫高窟第 435 窟 中心柱东面

勒。这种龙首楣梁造型在河西走廊诸石窟及云冈石窟、龙门石窟的北魏窟中较为流行，与我国先秦青铜器纹饰及汉代画像砖石中的龙首造型较为相似。由此可见，到北魏时期，佛教艺术已经较多地和中国传统文化有了一定结合。

西魏的莫高窟第 285 窟，在南北两壁各凿刻了 4 个禅室，其外绘制了尖拱形的龛楣，图案均由莲花、忍冬和禽鸟构成，运用了朱红、青绿、黑褐等色构成鲜明的色彩对比，新颖别致，亮丽华美。以北壁为例，第一铺是忍冬、凤鸟、火焰纹饰的龛楣，主体为纵横交错的缠枝忍冬纹，在叶中对称绘制一对凤鸟，昂首傲立，展翅欲飞，内沿绘圆拱形斜方格图案，外沿绘连续忍冬纹带（图 6–25）；第二铺龛楣中央的忍冬纹中对称绘制一对鸽子，栖息枝头，回首顾盼，生趣盎然，外沿绘制一圈火焰纹（图 6–26）；第三铺龛楣中央的忍冬纹中绘制一对青鸟，静立于莲花之上低头歇息，颀长的羽尾、白色的颈环及华丽的羽翅，外沿绘制一圈忍冬纹带（图 6–27）；第四铺龛楣中央的忍冬纹中绘制一对鹦鹉，立于莲花之上，后首顾盼，外延绘制一圈火焰纹带（图 6–28）。龛楣所模仿的是中原地区寺院禅室门前“高林对牖，青松绿柽，连枝交映”的景象。[1]

忍冬纹是南北朝时期最为流行的一种植物纹饰，源自西亚，约在 2 至 3 世纪时流入西域，4 至 5 世纪时随着佛教东传而流行开来，在建筑、绘画、雕刻、器皿、丝绸上都可以见到。它的纹样造型颇似忍冬藤，即金银花，并由此得名。对于它的自然原型也有多重说法，如埃及的莲花纹、希腊的棕榈叶，以及茛苕叶和葡萄叶等说法。其实无论它最初源自于西亚的何种植物，在传入西域后的几个世纪中，受到中原汉文化的深刻影响，都产生了很多新的变化，有了典型的中原风格。新疆龟兹石窟中的忍冬纹多在每片忍冬纹叶后加画数层线条，产生层次感。敦煌石窟中的忍冬纹造型更加简洁鲜明，较为清瘦和程式化，一般为三叶片和多叶片，但其构成方式变化较多，同一纹饰在龛楣和边饰中亦有不同的造型方式，绘画方式也有所不同。例如隋代的莫高窟第 302

① ［北魏］杨衒之：《洛阳伽蓝记》，中华书局，2010 年。

上：图 6–25　北壁龛楣（第一铺）西魏 莫高窟第 285 窟

下：图 6–26　北壁龛楣（第二铺）西魏 莫高窟第 285 窟

上：图 6-27　北壁龛楣（第三铺）西魏 莫高窟第 285 窟

下：图 6-28　北壁龛楣（第四铺）西魏 莫高窟第 285 窟

上：图 6-29 双叶忍冬纹边饰 隋 莫高窟第 302 窟 窟顶

下：图 6-30 缠枝莲荷火焰纹龛楣 隋 莫高窟第 390 窟 西壁

窟窟顶边饰的双叶忍冬纹图像（图 6–29），以双叶交茎套叠的造型，连续绘出，即茎叶两端各有一忍冬叶，两两相对，两端套连，在蓝色底上由黑色细线勾勒，造型优美，绘制精细，此造型在北朝至隋的藻井纹饰中也出现较多。

图案的变化也受时代风格的影响。隋代洞窟的佛龛除了继承前代的圆拱形龛，还出现了另一种进深二重的龛楣形式，是隋唐较为流行的一种龛楣式样。例如莫高窟第 390 窟西壁的缠枝莲荷火焰纹龛楣（图 6–30），分上下两层，下层中央绘一坐菩萨，两侧为自由舒展的缠枝莲花，枝叶舒展，形态各异，造型优美，上层绘自由延伸变幻的摩尼宝火焰纹，中间由白色摩尼宝珠相隔。绘画技法更加成熟，缠枝莲荷纹是在前期忍冬纹的基础上演变而来，是这一时期较为流行的纹饰样式，分为满地缠枝纹和单支缠枝纹两种。满地缠枝纹叶子稠密、繁复，其中点缀有化生童子、摩尼宝珠等；单支缠枝纹是以一条波状花茎为主干，枝叶旁逸斜出，花蕾从根部自然伸出，画面枝叶婉转回旋、顺势蔓延，呈现出另一派清新疏朗的气息，此铺壁画的缠枝纹饰即是第二种。

火焰纹在佛教壁画艺术中多用来表现佛光。火焰纹龛楣从北凉时期即已出现，但只是作为尖拱形龛楣的带状外沿装饰，有单头火焰纹、多头火焰纹、套联火焰纹及忍冬形火焰纹等。早期图案简洁明快，中期图案华丽写实，晚期又趋于单纯简化。例如上述莫高窟第 390 窟的火焰纹结构简洁，个性鲜明，几乎可以用一条线向上自然弯曲、回旋，呈火焰上升之势，再用土红、青、黑、绿诸色涂染，形成不同层次，产生节奏变幻之美。

隋代的装饰纹样在北朝发展的基础上有了很大的发展，在形式、技法和风格上也有了很多创新，呈现出清新洒脱的面貌，它开创的很多图案形式在唐代都得到了进一步的发展，但北朝以来的尖拱形龛及其龛楣装饰却再未出现，最终简化为带状边饰。

小结

如果说石窟艺术通过建筑、雕塑和壁画共同构筑了一个完整的艺术博物馆，那么图案的装饰艺术就是这里最具有创造力和亲和力的组成部分。它汲取着自然与社会中的美，在经过构思和艺术加工后，创造出既鲜活真实又简洁明快的装饰图案。它们装点在窟内建筑、壁画装饰、塑像人物衣饰上，种类繁多，异彩纷呈，无论哪个时代，都保持着创新的活力，展现着时代的审美风尚。

石窟装饰图案是以佛教内容为中心，为了塑造人们理想中的净土世界，他们仿照庙堂之富丽堂皇而进行装饰，用各种或具有象征意义或具有美好寓意的图案来填补空白，营造神圣美好的气氛。无论是充满节奏韵律感的纵券顶菱形格、人字披上的花香禽鸟、平棋里的莲花飞天、藻井里的凤鸟卷瓣、龛楣背光中的摩尼火焰、边饰中的几何忍冬都成为石窟壁画艺术最完美的搭配，也成为现代设计艺术最珍贵的纹样资料，在今天的艺术生活中重现异彩。

中国
佛教美学
典藏

第七章

人间之景

壁画中的民俗生活

民俗是一个民族在繁衍生息过程中形成的文化心理的外在呈现。它涵盖内容广泛，表现在生产、生活、信仰等众多方面。在佛教艺术中，民俗通常不会作为独立的题材出现，而是表现为佛教故事或经变画中的场景，是佛教石窟壁画中独具特色的存在，使我们可以在其中体味民间生活的气息。

第一节 建筑图景

石窟壁画不会以建筑作为主要的描绘对象，但在宣扬佛教思想的佛教故事画和经变画中，为了表现故事的背景，或表现佛经中所宣扬的佛国世界，就免不了要描绘各种各样的建筑。如在佛传故事中，有表现悉达多太子生活的宫殿及普通的民宅的场景；有在石窟四壁上沿描绘伎乐天人的场景，其背景是带有浓厚印度古代建筑特征的拱门天宫以及具有凹凸感的栏墙；而在唐代开始盛行的经变画中，则以现实的帝王宫殿来象征佛国世界的壮丽景象。此外，还有与山水相结合绘制的地图式壁画，真实地表现古代的城垣、寺院，以及楼阁的形貌、位置等。随着壁画艺术的发展，绘画技巧的成熟，石窟壁画中建筑形象日趋繁复，规模也逐渐增大，既有丰富雅致的单体建筑，又有配置完善、辉煌华丽的建筑群，成为一部系统的古代建筑历史画卷。

敦煌石窟早期的佛教文化艺术受西域影响较为明显，所以出现在石窟壁画中的建筑构件，有西域传来的拱券门、龛楣和极具希腊风格的柱头装饰，与中原汉式建筑形象交相辉映。

北魏莫高窟第 257 窟南壁绘制的小沙弥守戒自杀缘品故事画中，国王所坐的双阙殿堂（图 7–1）是由简单概括的悬山式屋顶和对称的门阙代表，屋顶和墙面同时适用两种透视法则，画面并无进深感；与此风格类似的还有此窟绘制于西壁的鹿王本生故事画中，最右侧国王与王后端坐在殿堂之内，本应有前后进深关系的门楼与殿堂被并置于画面，但透视处理得更加成熟，墙柱与屋顶透视角度协调，出现正侧两个面，建筑构件也都有详细的描绘，如帷幔、壁带等（图 7–2）。

图 7-1　小沙弥守戒自杀缘品中的双阙殿堂 北魏 莫高窟第 257 窟 南壁中层

图 7-2　鹿王本生故事画中的殿堂 北魏 莫高窟第 257 窟 西壁中层

图 7-3　五百强盗成佛故事画中波斯匿王的宫城图像 西魏 莫高窟第 285 窟 南壁

西魏莫高窟第285窟南壁的五百强盗成佛故事画，已有很强进深感的画面处理。在国王审判被俘获强盗的画面中，波斯匿王的宫城（图7–3）为一组院落式门堂建筑，由殿堂、门楼及宫墙构成。殿堂建于石绿及青灰色的台基之上，屋顶为靛蓝色歇山顶构造，与之相应的门楼屋顶却为建筑最高等级的庑殿顶形式，宫墙为蓝檐白墙，也筑于石绿台基之上。建筑群呈现出较强的立体感，与同时期其他洞窟壁画中的宫殿建筑形式较为一致。比较来看，北魏壁画虽然也出现了斜边形图式，但西魏的画师才真正学会如何利用它创造虚拟空间，虽然此时还略显稚拙，但这是敦煌艺术史上迈出的重要一步。①

大体来说，隋代莫高窟洞窟壁画中的建筑图像与北周一脉相承，但在空间表现上更加自由奔放。虽然是沿袭了前代的长卷式构图，但画师却以连续的山峦或房屋形成分隔的画面，形成“单元空间”，展开故事情节的讲述，在椭圆形空间的中央表现主要的情节，而建筑在画面中也形成了具有复杂曲尺形宫墙或廊庑的新样式。如隋代莫高窟第423窟人字披东侧的须大拏太子本生故事画（图7–4），连绵起伏的山峦将画面分隔成一个个椭圆形的画面②，极富装饰感，画面中建筑的空间处理延续了前代斜边形的透视法则，将人物活动巧妙地设计其中，从视觉上来说整铺壁画形成了既相对独立又前后呼应的气脉和韵律感。

唐代石窟壁画中的建筑图景，因经变画的盛行而更加成熟。从绘画角度来看，唐代建筑图像呈现向三维立体化发展的态势。

首先，“凹”字形的中轴线院落式布局，是唐代说法图与净土经变画的视觉结构进一步向纵深化演变的标志。居中对称的布局形式，强化了佛国世界庄严、宏大的气氛。中轴线和对称布局一直是中国古典建筑设计和构图的重要法则。中华文明五千年历史，对于居中的思想一直贯穿始终。“中”字在中国古代

① 张建宇：《汉唐美术空间表现研究：以敦煌壁画为中心》，中国人民大学出版社，2018年，第128页。

② 赵声良：《敦煌艺术十讲》，上海古籍出版社，2007年，第151页。

图 7-4　须大拏太子本生（局部）隋 莫高窟第 423 窟 人字披东披

图 7-5　观无量寿经变中的建筑图景 初盛唐 莫高窟第 217 窟 北壁

哲学中代表不偏、中正、正好的意思，是正统与权力的象征。我们以开凿于唐景龙年间的莫高窟第 217 窟北壁的观无量寿经变中的建筑图景为例（图 7–5）。壁画中部为阿弥陀净土，上部绘有气势恢宏、色彩明丽的大型建筑楼阁群，台基高耸、重楼连阁，中部为前后佛殿，后佛殿两侧有回廊环绕，四周皆有围栏，敷以红、青、绿等重彩，飞天、神异翱翔、穿行于门窗廊柱之间，如无阻隔。该画巧妙地结合了写实与夸张的手法，既表现出唐代宫廷建筑的雄伟壮观、富丽堂皇，又渲染出天国世界的神圣美好[①]。同类题材还有敦煌莫高窟中唐 360 窟北壁的药师经变（图 7–6），佛寺的六角二层塔造型奇特，运用大量曲线绘制而成。以六角二层塔为中心，左右两边配殿均为两层歇山顶楼阁，楼阁面阔三间，布局开阔。还有莫高窟盛唐的第 172 窟、148 窟观无量寿经变，均有此种建筑类型（图 7–7）。

隋代至初、盛唐，西方净土变壁画中开始出现一些寺院建筑群落，即中间大殿左右各配一小殿，三殿呈简单的“凹”形。如莫高窟隋代第 433 窟、初唐第 329 窟，开始出现楼阁式建筑组合，中间以廊道相连，全部楼阁群又架构在宽阔的水面，前方为方整的平台和水池（图 7–8）。盛唐的经变画是在此基础上的丰富与扩充，如莫高窟第 217 窟北壁，正中为二层佛殿，佛殿后面的回廊前折形成了一个“凹”形后又各作东、西折延伸出去，在其左右配置些楼阁和高台。建筑群落前面为水池[②]和平台。水池是根据佛经中所说的“八功德水”画出，平台如同水中仙岛，中轴线上一座，左右各一座，以小桥相连。与此相似的还有莫高窟第 45 窟北壁，中央也是一座两层殿堂，左右斜出呈八字形的两层廊道，其左右又有单层廊，曲折走向与 217 窟相似，建筑群与前方平台和水池同样构成“凹”字形[③]。

这种形式的建筑群在中唐以后就开始逐渐消失，仅晚唐大足北山第 245 龛浮雕净土和敦煌五代时期的莫高窟第 72 窟北壁的弥勒经变中有类似布局（图 7–9）。

第二，挑出墙体的大屋顶造型是唐代建筑的典型特征之一。这种造型最初源于对墙身的保护，但是随着时代的发展，古人赋予了它更多的文化与精神内涵。在中国传统观念中，大屋顶被认为是天空在建筑中的形象映射，是中国古代天人观的主要表现。中国汉字偏旁部首中的“宝盖头”即是对大屋顶的象形表达。同一屋檐下，共为一家人。屋顶不仅仅是一个遮风避雨的建筑构件，也代表了家文

① 敦煌研究院编：《中国石窟·敦煌莫高窟》第三卷，文物出版社，1982 年，第 232 页。
② [后秦]鸠摩罗什译：《佛说阿弥陀经》，《大正藏》（卷十二），河北省佛教协会，2001 年，第 346 页。
③ 敦煌研究院编：《中国石窟·敦煌莫高窟》第四卷，文物出版社，1982 年，第 177 页。

图7-6 药师经变中的建筑图景 中唐 莫高窟第360窟北壁

图7-7 观无量寿经变中的建筑图景 盛唐 莫高窟第148窟 东壁南侧

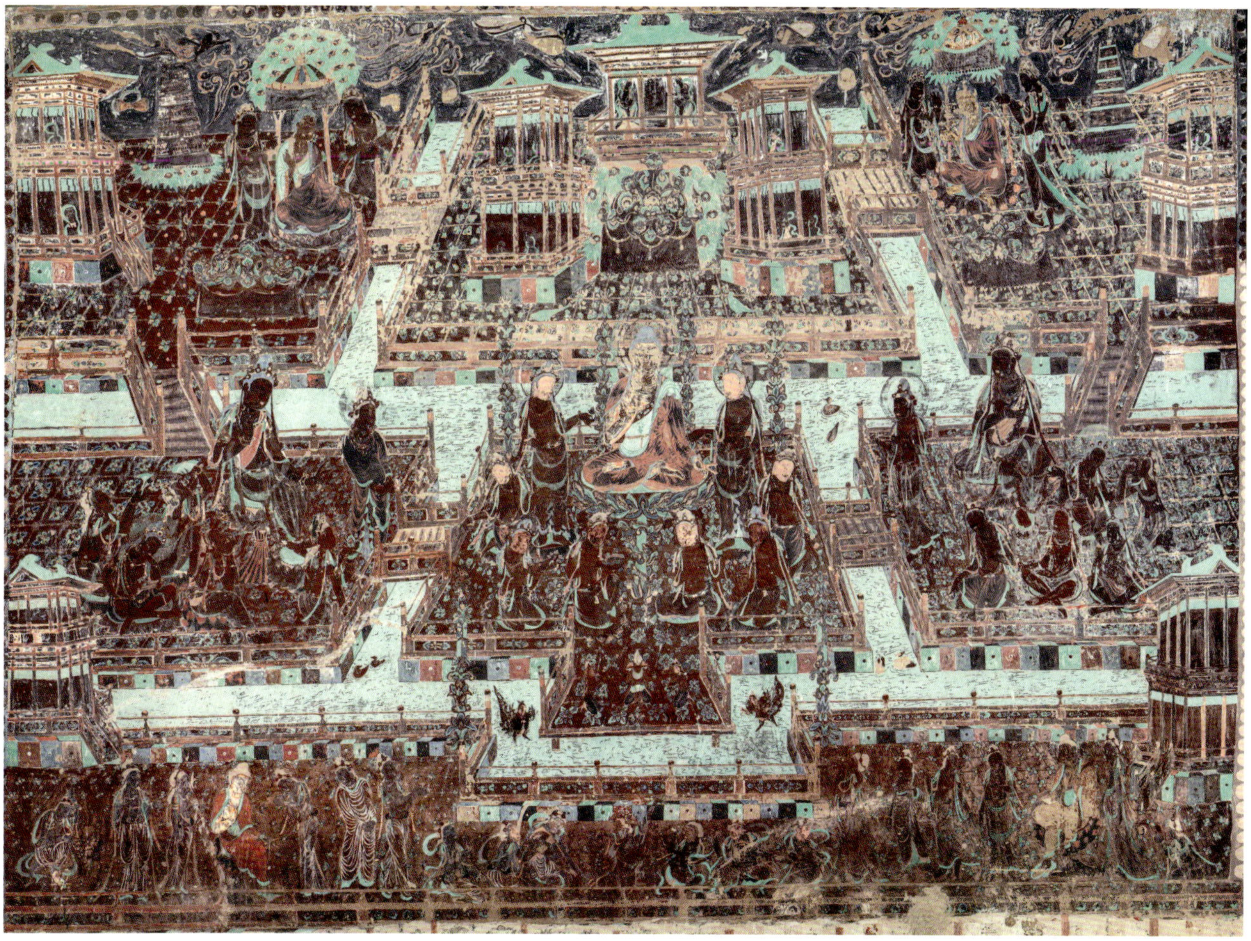

图7-8 阿弥陀经变中的建筑图景 初唐 莫高窟第329窟 南壁

图 7-9 弥勒经变中的建筑图景 五代 莫高窟第 72 窟 北壁

化和权力文化在中国封建社会的发展。

建筑等级有时也会根据屋顶样式有所区别。汉代基本形成了 5 种屋顶样式，即庑殿顶、歇山顶、悬山顶、硬山顶和攒尖顶。其中等级最高的是四面有坡、形成五脊的庑殿顶，只有帝王宫殿或寺庙等具有尊崇地位的建筑才允许使用；歇山顶次之，用于一些性质较重要或大体量的建筑，其左右两坡，比庑殿顶各多了一个垂直面，形成六面九脊，又称为汉殿或曹殿顶；等级再次的有两坡挑出左右山墙的悬山顶、两坡左右不挑出山墙的硬山顶和所有坡面攒于一点的攒尖顶等，而传统的木构梁架组合形式都会使屋顶形成自然优美的曲线，在檐角处还可以翘起做成飞檐。如莫高窟第 217 窟北壁中心的宫殿建筑表现的是神圣的天国净土，因此为庑殿顶样式。中唐的南禅寺大殿则是单檐歇山顶建筑，屋面檐角略微起翘，正脊两端分别置有凤身鸱尾，正脊长度明显较垂脊和戗脊短，且垂脊之上并无走兽，屋面覆布筒瓦。晚唐的佛光寺东大殿是为

正殿，为单檐庑殿顶样式，正脊较垂脊短，正脊两端各置一龙头，垂兽立于垂脊的最前端。唐代建筑中，檐角平直与檐角上翘同时并行于世。莫高窟第 217 窟则明显地反映出檐角起翘的基本特征。其实屋顶檐角上翘最早源于道家，道家思想一直追求建筑的曲线之美。从实用功能来说，檐角上翘不但使建筑造型更加美观，而且能使屋脊更加牢固。由于戗脊主要是用瓦条堆积叠加而成，质量相对较大，所以时间久了容易滑落，而采用檐角上翘的做法，不仅可以有效地阻止戗脊滑落，延长戗脊的使用寿命，且起到了安全防护的作用。

第三，木结构承重和精巧的斗拱造型是唐代敦煌壁画建筑的重要特征之一。如莫高窟第 217 窟画面中林立的楼阁建筑均是用红色巨木作为木构架的檐柱，建筑的重量主要是通过梁架和檐墙上的檐柱来支撑。檐墙不承载重量，只起到防御风雨侵袭、分割和维护室内空间的作用。12 根檐柱的柱头向内微倾，横梁与之形成斜角，与伸出的斗拱构成“翘起”，这样可将梁、柱巧妙结合，增加大殿的稳定性，这种木结构承重是唐代建筑最显著的特征之一。同时，由于木构架承载全屋

图 7–10　法华经变中的修塔造屋　初唐　莫高窟第 321 窟南壁

重量而墙体一般不起支撑作用，这就造成立柱负载过重、过大的现象。为解决这一矛盾，斗拱作为承重构件应运而生，从物理力学功能来说，外檐斗拱具有逐层挑出、分力承重的作用，由此才能使沉重的屋面出檐深远。

但唐代的民间住宅建筑依然采用墙体承重的形式，莫高窟第 321 窟的法华经变，描述的主要内容为修塔造屋（图 7–10），从图中可以看出壁画中的建筑均采用悬山顶，屋顶坡面较缓，屋顶坡面并无覆瓦，墙面平整无装饰。推测可能是民间住宅，仔细观察图中建筑，左右山面和中间两处隔间墙均为房屋的承重墙。

第四，“青瓦丹柱”“七朱八白”的色彩搭配也是敦煌唐代壁画中建筑的特征之一。壁画色

图 7-11 观无量寿经变中的建筑图景 初盛唐 莫高窟第 217 窟 北壁

彩虽然已有部分脱落，但仍可以看出，明亮的青绿色勾勒出屋脊轮廓，墙面涂以白灰，木架栏柱都为朱色或素木色，窗棂为绿色，台基表面和地面都精心铺设了四色方花砖，呈现很高的砖石材料技术，整体以冷色调为主，色彩斑斓但不凌乱，基本反映了唐代世俗建筑的色彩特征（图 7-11）。

汉唐时期的建筑色彩，继承了战国以来的传统，并在吸收外来文化的基础上加以拓展。从克孜尔石窟壁画和敦煌石窟壁画中可以看出，其建筑色彩不同于西周以来暖色为主的倾向，而形成以石青、石绿和靛蓝组合而成的冷色调，令画面呈现不同以往的光辉灿烂。中国传统文化中象征精神多层次、状态多元化的色彩体系，在华梵融合的佛教色彩、五色正统的儒家色

图 7–12　报恩经变中的建筑图景 五代 莫高窟第 98 窟 南壁

彩，以及尚黑紫的道家色彩相结合下开始形成。唐代被称为色彩的革命时代，这一时期的色彩文化自由大胆，充满了独具特色的审美效应，其建筑的外观色调趋于简洁明快，彩色琉璃瓦开始大量出现，这正体现了唐代建筑的佛性与世俗情怀的相互融渗。

在盛唐建筑壁画中我们看到大量的红绿对比色彩，最明显的就是红柱绿窗，这种色彩间的关系平衡、比例得当，也是唐代建筑设计的重要特征之一。盛唐以后，在重要建筑上开始流行五彩缤纷的彩画装饰，在红绿彩画的基础上，阑额梁柱上逐渐增添了更多的装饰，柱头、柱身、阑额、柱头枋或有束莲彩画（此做法南北朝即已经出现，到盛唐以后大为流行），或模仿团花锦绣绘束带，彩画的样式也越来越多。结合内容丰富、华美繁缛的佛教经变场景，莫高窟第 217 窟北壁壁画虽然没有在建筑物上添加过多的彩画装饰，但却在高台基的色彩组合上颇具新意，红、蓝、棕、绿的彩色琉璃巧妙组合，为沉稳大气的建筑群增添了些许灵动的感受。

历史的变革带来壁画内容的转变，唐代晚期吐蕃围困沙州（敦煌）之时，军民团结一致守城 8 年，因而在这一时期的壁画中不遗余力地表现城池的重要，如莫高窟第 197 窟、第 9 窟中都细致入微地描绘城垣的每一个细节，包括城门、城楼、宫城等。五代时期，曹氏统治敦煌期间兴建的大型石窟中，为了歌功颂德，壁画规模更加庞大，在表现城墙、院落上，透视更加准确，手法更加成熟，如莫高窟五代第 98 窟南壁的报恩经变、法华经变中都有精彩的描绘（图 7–12）。

第二节

民间生活

作为戈壁滩上的一片绿洲，敦煌也曾是一方诸侯的统治中心，不仅拥有繁荣的佛教艺术，同时也拥有较为发达的农业、畜牧业、手工业和商业，通过丰富多彩的壁画题材和内容，清晰地映现了这一时期民间生活的众多细节。

农业的发达在敦煌壁画中表现得尤为充分。从北周至宋，敦煌壁画中就出现了约 80 幅农作图。例如盛唐的莫高窟第 23 窟北壁西侧法华经变中的药草喻品、方便品，绘有精彩的雨中耕作图，突出表现了喜降甘霖的情景。在西北干旱地区，雨水缺失，降雨尤为难得。画面上部绘乌云密布、电闪雷鸣，大雨如注；画面下部则择取了牛耕、挑麦两个场面，呈现了春种、秋收的岁时概念，还表现了生活气息浓郁的田间歇息进餐的场景。榜题出自《法华经·药草喻品》的偈颂“慧云含润，电光晃曜……其雨普等，四方俱下”，以雨云的譬喻为主题来阐述佛陀的慈悲平等。[①]整幅画面简约生动，且浓墨淡彩相得益彰。中晚唐至北宋时期，敦煌石窟艺术发展至民俗艺术的巅峰。五代时期的榆林窟第 20 窟南壁（图 7–13），也有农耕收获的场景。画面下方两农夫头戴草帽，着半衫，正弯腰持镰刀割麦，似有互

① 颜娟英、石守谦主编：《艺术史中的汉晋与唐宋之变》，北京大学出版社，2016 年，第 169 页。

图 7–13　弥勒经变中的“耕获图”五代 榆林窟第 20 窟 南壁

动交流；右上一农夫正用木锨扬场，对面一上襦下裙的农妇持长把扫帚扫场。该图用笔粗犷简率，形象概括生动。

畜牧业在敦煌地区也很发达，不仅为了满足经济生活之需，同时也是满足军事战争的需要。敦煌文献中明确记载有官府设立马坊和郡草坊。另外还设有长行坊，管理长途跋涉的马、骆驼、驴等交通、运输、驿使和军事牲畜，同时还有专门的兽医岗位，这些在敦煌壁画中都有清晰的呈现。如五代的莫高窟第 61 窟主室西壁绘有牲畜饲养栏（图 7–14），清晰准确地描绘了红墙围出的马圈、牛圈，各圈之间由拱门连通。再如五代的莫高窟第 108 窟南壁，生动地绘制了饲养员看管、喂养、打扫马圈的场景。画面上扎双角发髻的少年着缺胯衫，手持铲子正在清除马圈中的粪便，对面是一匹红色和一匹未着色的马，后面还以意象的手法绘制了他在劳作后躺在马圈休息的场景。在北周的莫高窟第 296 窟窟顶北披绘制的福田经变（图 7–15），有兽医“饮马灌驼”的场景，左侧三匹饥渴至极的马正在饮汲来的水，右侧是一驮夫正在协助兽医给伏在地上的骆驼灌药，寥寥数笔，把骆驼、马的倦怠无力，兽医及驮夫的尽心竭力表现得生动形象、酣畅淋漓。

丝绸之路的通畅，东西方贸易的繁盛，在古代诗画中都有所记录。敦煌因处“丝绸之路”的咽喉之地，中外客商、使者频繁来往于此，壁画中有很多表现胡商行旅的画面。描绘得最为细致的一幅是五代莫高窟第 61 窟主室西壁《五台山图》中的商旅图（图 7–16），画面布局严整有序，分为上山、下山、上山三层。上层左侧一队人马正护卫着供品上山，走在最前面的是执牙旗的旗手和执弓箭的护卫者，第三人是骑马的官员，最后是赶着驼马的脚夫；右侧是背着财物、挎着行囊或者赶着毛驴上山的商旅。中层为下山的人群，左侧一前一后两人赶着毛驴下山，其后一人身背行囊、左手提壶，后边是两个挑担的脚夫；右侧是两人一前一后牵着毛驴下山的场景。再下一层是上山的场景，因为地势更加陡峭，最后一人几乎是在攀爬。画面右下角绘石岭关镇，城门外有数人，似在办理相关手续。

《五台山图》之河东道山门西南，绘临近太原城的区域（图 7–17）。河东道的山门门楼呈单檐歇山顶，面阔进深三间，山门

上：图 7–14《五台山图》中的牲畜饲养栏 五代 莫高窟第 61 窟 主室西壁

下：图 7–15 福田经变中的“饮马灌驼”的场景 北周 莫高窟第 296 窟 窟顶北披

图 7–16 《五台山图》中的商旅图 五代 莫高窟第 61 窟主室西壁

图 7–17 《五台山图》中的河东道山门西南 五代 莫高窟第 61 窟 主室西壁

外便是直通太原城的大道。道路上是南来北往的商旅过客，有前呼后拥骑马前行的官员，有肩挑双担匆忙赶路的小贩，有赶着骆驼载着货物的商队，有携家带口上山进香的信徒。山门南侧是资福和尚庵，不远处还有忻州定襄县，这些地理位置都有明确的榜题记载。山门前双手合十、虔诚行礼的佛教信徒，与行色匆匆吆喝奔走的商贩驴夫形成了鲜明的动静之比，正是这些精心的戏剧性人物设计与真实精确的地理位置安排，使得这铺《五台山图》不仅气势磅礴，且每个细节都真实、生动。

敦煌石窟壁画中还有很多宅院、农舍的图画，不管是富贵人家的高墙深院，还是平民百姓杂居的普通大院，甚至还有酒肆、妓院等，都加入了人们日常生活的各种细节，使得画面承载了更多社会民俗文化价值。有富贵人家请医生登门诊病的，有宴饮歌舞的，有大杂院中打架斗殴者，还有乐舞百戏、聚众赌博、靓装揽客等内容，人物刻画生动，生活气息浓郁。

初唐的莫高窟第 321 窟南壁的宝雨经变中，有一猎户、屠户杂居的大杂院生活场景（图 7–18），尤为真实生动。房屋内是猎户夫妇和随从，猎户坐于堂屋床上，随从手臂架着鹰谦恭地立于一侧，猎户之妻侧身掩面、惊恐不已；屋外一猎户背着屠宰好的鲜肉正往外走；院中是两个正在打架的人，着袍服者已经撕裂了上身赤裸者的裤脚，对抗十分激烈，旁边是着蓝色襦裙的妇女，正伸出左手焦急劝阻；左侧是两个妇女在推磨；周围环绕着群山，右下角山坡上是一土匪正持刀追抢前方背负财物的路人。与此相映照的是画面上方山林旁，有一小和尚正在静心念佛，画的榜题为“阿兰若住处”。画师可能是有意地将尘世间的你争我夺、恃强凌弱、杀生抢掠表现得淋漓尽致，由此比照佛教所宣扬的清心寡欲、戒杀生灵、

图 7-18 宝雨经变中的大杂院 初唐 莫高窟第 321 窟 南壁

国泰民安，劝诫人们远离尘世的庸俗喧嚣。[1]

婚丧嫁娶也是民俗壁画的重要题材，敦煌壁画中就有 46 幅婚嫁图。这些婚嫁图非常真实生动，不仅再现了唐宋时期民间婚俗的各个细节，同时也呈现了敦煌地区各民族的不同风俗习惯，以及各民族间友好相处、互通融合的史实。

盛唐莫高窟第 445 窟北壁绘有一幅婚嫁图，虽然只是一个缩影，但真实生动地再现了唐代婚礼的基本布局：在屋外庭院中，左侧设棚帐、摆筵席，中央设乐舞表演，右侧帷帐内是新郎、新娘在拜堂行礼，后边是圆顶青庐的洞房，前边屏障外站满围观的人群。晚唐莫高窟第 12 窟南

① 敦煌研究院编：《敦煌石窟全集·民俗画卷》，香港商务印书馆，2003 年，第 61 页。

图 7–19　婚嫁图 晚唐 莫高窟第 12 窟 南壁（屏风）

壁的婚嫁图展现的则是另外一个场面（图 7–19），左侧礼席客人就座，右侧是新郎、新娘和傧相，新郎伏地跪拜，新娘拱手作揖，面前是男方所送彩礼。旁边三叉支架竖圆镜一面，左前方有前来贺婚者。

敦煌壁画中的少数民族婚礼，在服饰、器物等细节上与汉族略有不同，但程序上基本一致，也说明了在多民族杂居的地域，汉文化强大的影响力。例如在中唐榆林窟第 25 窟北壁的吐蕃族婚礼上，礼席男子头戴小礼帽，透额罗，女子多头戴游牧民族帽，梳多辫发式，以及新郎、新娘也头戴毡帽，这些都表明了其吐蕃族的身份。在五代的榆林窟第 38 窟西壁，我们看到一幅保存较为完整的汉族与回鹘族通婚的婚礼场景（图 7–20）。婚礼图的内容、程序与中古时期汉族婚礼一致，迎亲、乐舞、拜堂、奠雁、共入青庐都很完整。从新娘头戴桃形金凤冠、冠插步摇，颈系瑟瑟珠，可以猜测其回鹘贵族身份，但步入青庐时新郎新娘又都换回汉服，由此可以辨识此为回鹘人与汉人通婚的场景。

图 7-20　汉族与回鹘族通婚的婚礼场景 五代 榆林窟第 38 窟 西壁

第三节

供养人像

走进石窟，我们有时也会被四壁下方、窟门两侧或者中心柱塔座下那一排排的供养人图像所吸引，他们或双手合十、或手捧供物，或以恭敬站姿排列成整齐划一的礼佛队伍，或以庞大的出行队伍彰显身份的尊崇。供养人画像是佛教石窟壁画中的重要组成部分，它不仅反映了当时人们对佛陀的态度和信仰观念，表现了人们与佛、菩萨等神灵之间的关系，同时也侧面反映了民族交融的社会政治状况，具有珍贵的史料价值。

供养人是出资造窟的人，早期的洞窟仅仅是在侧壁下方绘制尺寸较小的数身供养人像，由于褪色、剥落等原因多漫漶损毁。敦煌莫高窟最早的北凉三窟，还保留有部分供养人画像。其中，第268、275窟侧壁的供养人像行列，排列规整、身着游牧民族服装、双手合十、躬身奉莲，面部和手虽已模糊不清，服饰线条及色彩却较为清晰，与克孜尔早期洞窟中的供养人像特征较为一致。北魏时期的供养人像多以汉式服装呈现，但到了西魏时期，供养人画像的位置及大小都有了新的进展和变化，加入了明确的榜题，绘制也更加精细。例如西魏的莫高窟第285窟北壁所绘的七铺说法图下边，精心绘制了7组供养人画像，布局基本一致（图7–21），此7组供养人像分左右两侧，中间为造像题记，两侧为数身女供养人，皆面容清丽、衣饰华丽，在对襟袍服、曳地长裙上还饰有“华袿飞扬”的袿衣①，这是魏晋时期贵族妇女中最为流行的服饰，在东晋顾恺之的画作《洛神赋图》中的洛神形象上，我们也看到了这种服饰；题记

① 刘熙《释名》称：“妇人上服曰袿，其下垂者上广下窄，如刀圭也。”

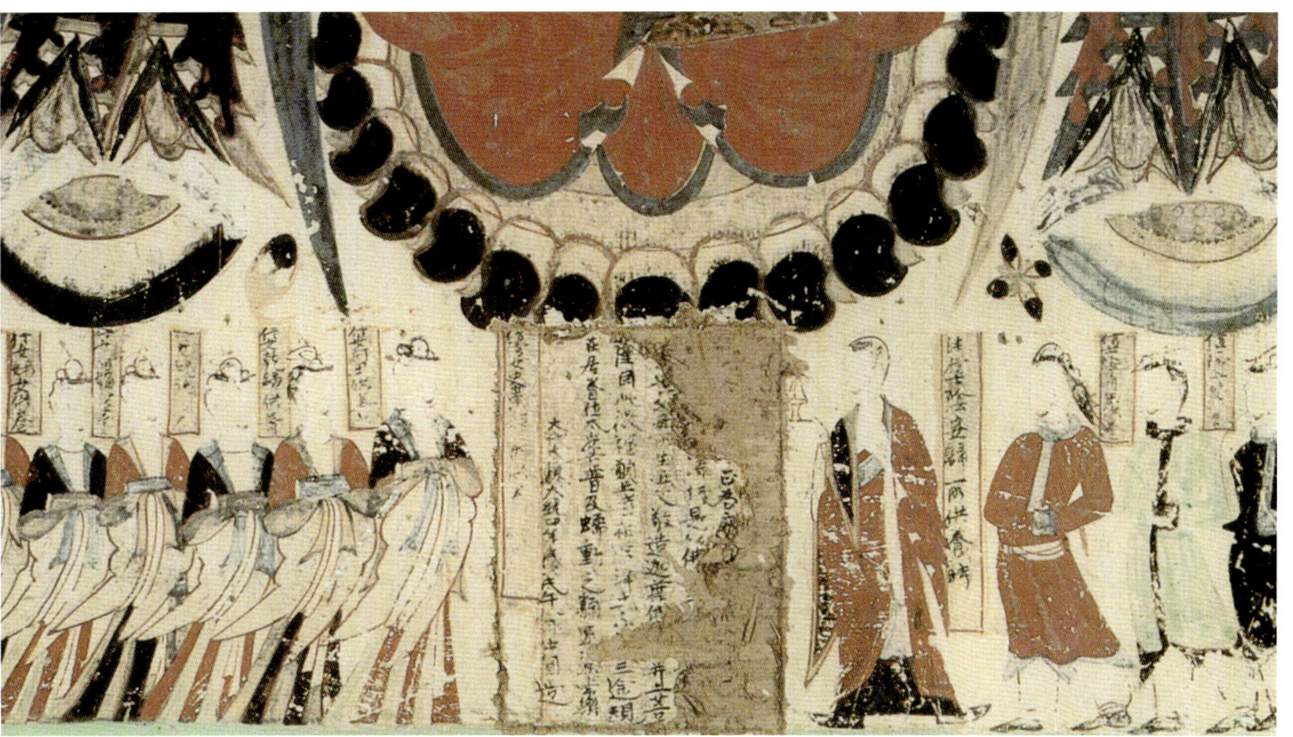

图 7-21 说法图下方的供养人像 西魏 莫高窟第 285 窟北壁

东侧有一供养僧，其身后为数身男供养人像，身着圆领窄袖长袍，腰间束带，头戴笼冠，脚着笏头履。此服饰为孝文帝改革后，在鲜卑贵族、官吏中流行的冠服。

隋代供养人像的规模更大，不仅男女分列，同时还会按照供养人的身份地位，画出侍从、车马等，有时还会跟随乐队，演奏方响、箜篌、琵琶等乐器。供养出行队伍也已具有一定规模。例如莫高窟第 390 窟，其南壁下部的男女供养人像及侍从有 80 多身，其后还有乐队（图 7-22），初唐正是在此风格下延续、发展。

唐代是中国绘画艺术发展的一个高峰，尤其是人物画达到了较高的水平，艺术风格也较为成熟。由于佛教的繁荣，寺院石窟壁画便成了画家及其粉本承载的地方。敦煌石窟中保存完好的大量唐代壁画，为我们认识唐代绘画提供了真实的资料。尤其是随着丝绸之路的繁荣，敦煌与长安及西域各国的交流日益繁多，艺术题材和风格也呈现异常繁荣的面貌。

在莫高窟初唐的第 220 窟东壁北侧的维摩诘经变中，绘制了帝王像和外国使臣像。其中帝王像（图 7-23）威武庄重，身穿绘有“十二章”纹样的衮冕，由众大臣簇拥向前。在衮服两肩处各画一个圆圈，一侧绘金乌，一侧绘玉兔，代表日月，服装上还绘有山岳、龙纹、藻纹、粉米等纹饰。[1] 这种纹饰的表现手法，和现藏于波士顿美术馆的《历代帝王图》非常相像，在人物

① 按照《周礼》，十二章包括：日、月、星辰、山、龙、华虫、宗彝、藻、火、粉米、黼、黻。

图 7-22　男女供养人像及侍从 隋 莫高窟第 390 窟 南壁下部

图 7-23　维摩诘经变中的帝王像 初唐 莫高窟第 220 窟 东壁北侧

形象的塑造、人物神态的把握上也很相近（图 7-24）。帝王像的后面是一组生动的外国使臣、王子画像（图 7-25），他们或专注地侧耳倾听，或交头接耳地窃窃私语，或器宇轩昂地注视前方，形象特征各异。整铺壁画均采用中国绘画线描的方法，用线条的轻重缓急表现人物肌肉骨骼的起伏变化，同时也配合相应的色彩晕染。

盛唐出现了绘制精美的大型供养人群像。例如莫高窟第 130 窟甬道南北两壁所绘的晋昌郡（今瓜州）都督乐庭瓌一家的供养像。主要人物形象都超过了 2 米，北壁的乐庭瓌着蓝色长袍，持长柄香炉倾身向佛，其后撑华丽伞盖，身后是其长幼排列有序的 3 个儿子，南壁为都督夫人供养像，头梳高髻，身后是同样衣着华丽的两个女儿，三人皆面如满月，体态丰腴，体现出唐人以“丰肥为美”的特征，是一铺气势磅礴的绮罗供养人物像，与传世的唐代张萱、周昉绘制的《虢国夫人出行图》《簪花仕女图》（图 7-26）有异曲同工之妙，由此可以映射出中原画风对西域艺术的直接影响。

晚唐的莫高窟第 156 窟所绘制的张议潮及其夫人出行图，既首创供养出行图先例，也成为留存至今规模最为宏大、保存最为完好的一铺。张议潮曾率领沙州民众起义，推翻了吐蕃统治，收复了河西十一郡，后被朝廷封为沙州节度使。其后人营建了莫高窟第 156 窟，并在甬道的两侧绘制了张议潮一家的供养像，在南壁绘制了《张议潮出行图》，在北壁绘制了《宋国夫人出行图》。

唐代的卤簿制对官员出行的规格及用具都有着严格的规定，因此，通过绘制严谨工整的《张议潮出行图》（图 7-27），我们可以管窥这一时期官员出行的规模及形制。此铺壁画真实地再现了张议潮作为节度使出行时的仪仗，全长 8 米，由南壁西端延伸至东壁南侧。首先是军乐和歌舞为前导的仪仗队，旌旗飘扬、鼓乐喧天，仪仗后面是捧持旌节象征权柄的军将，其后是身穿红袍、骑着白马行至桥头的张议潮，后有将士护卫。小桥上方榜题为“河西十一州节度使张议潮□除吐蕃收复河西一行图”。后随子弟兵，有榜题“子弟兵”。最后转入东壁南侧，为辎重和行猎的场景。

与其相对的，从北壁西端至东壁北侧，绘制的是张议潮夫人《宋国夫人出行图》（图 7-28）。此图以歌舞百戏为前导，有精彩绝伦的撑竿杂技表演，有 4 人翩翩起舞、6 人乐队伴奏的歌舞表演，榜题曰“音乐”。其后是夫人与女儿的辇、肩舆、辎重马车等，车队后还有夫人骑马像，前有引导，后有护卫，榜题为“宋国河内郡夫人宋氏出行图”。东壁北侧也是辎重和行猎图。

五代时期最著名的供养人出行图是绘制于莫高窟第 100 窟的曹议金夫妇出行

图 7-24 《历代帝王图》(局部) (传)阎立本 唐 绢本设色
美国波士顿美术馆藏

图 7–25　维摩诘经变中的外国使臣、王子像 初唐 莫高窟第 220 窟 东壁北侧

图 7-26 《簪花仕女图》（传）周昉 唐 绢本设色 纵 46 厘米 横 180 厘米 辽宁省博物馆藏

图 7-27 《张议潮出行图》晚唐 莫高窟第 156 窟 甬道南壁下部

图 7-28 《宋国夫人出行图》晚唐 莫高窟第 156 窟 甬道北壁下部

图（图 7–29、图 7–30）、榆林窟第 12 窟的慕容归盈夫妇出行图，但其规模及精美程度都无法与张议潮夫妇出行图相媲美。莫高窟第 98 窟还绘制有曹议金家族人物肖像，于阗国王李圣天及王后肖像（图 7–31），从人物形象到衣冠佩饰都异常精美，线条细劲有力，设色清新淡雅，冕冠与凤冠都以沥粉堆金的方法绘出，既反映了曹氏与于阗国姻亲关系的史实，又呈现出了当时人物画技法的最高水平。与此构图类似的还有约开凿于 9 世纪末的库木吐喇石窟第 79 窟，属于较为典型的回鹘窟，其前壁精心绘制了一组 5 身供养人像，均呈虔诚拱手跪姿（图 7–32）。上方横书一排龟兹文，每身像前面均有汉、回鹘文题名。第 1 身为回首反顾的童子；第 2 身为回鹘装男性，题名已漫漶不清；第 3 身为着回鹘装的女性，“颉里思力公主”；第 4 身为着回鹘装的男性，“同行阿兄弥蒂鹘帝嘞”；第 5 身为着唐装的女性，“新妇颉里公主”。整铺壁画以“屈铁盘丝”的线描为主，大量采用赭红、朱、茜等暖色，人物形象端庄健美，服饰精致明丽。

原绘于柏孜克里克石窟第 20 窟的回鹘高昌王及王后供养像，

图 7–29 《曹议金夫人出行图》（局部） 五代 莫高窟第 100 窟 主室西、北、东三壁

图 7–30 《曹议金出行图》（局部） 五代 莫高窟第 100 窟 主室西、南、东三壁

更加精细华美。但 1905 年德国人勒科克将整窟壁画盗凿剥离后运往柏林，使得回鹘高昌王供养像在第二次世界大战中化为灰烬，现仅存照片。画面中的高昌王采用细劲圆转的线条勾勒，面容刻画写实生动，头戴宝冠，着红色长袍，腰间佩戴打火石、磨刀石、解结锥、刀、绳、针筒、巾等佩饰，色彩鲜亮（图 7–33）。

与之相对应的是现藏于德国柏林国立印度艺术博物馆的回鹘高昌王后供养像（又称回鹘公主供养像）。两

图 7–31　于阗国王李圣天及王后肖像 五代 莫高窟第 98 窟

图 7–32　供养人像 约公元 9 世纪末 库木吐喇石窟第 79 窟 前壁窟门左侧

图 7-33　回鹘高昌王供养像（已毁）公元 9—12 世纪 柏孜克里克石窟第 20 窟

身面庞饱满的王后，端庄地站立于水波纹地毯上，头戴博鬓冠，上饰金如意，鬓发上插金凤凰、花钗、步摇等装饰，一条红色丝带从发后垂下，身穿“V”字领茜色通裾大襦，领口绣出一圈卷草图案，内穿红色小方格圆领内衣。领口、通裾、袖子上部和膝盖线上都镶嵌有红地白珠装饰，双手笼袖持鲜花供养，线条较高昌王供养像更为粗犷简约（图 7–34）。

元代出现了坐姿的供养人像。榆林窟第 6 窟上部明窗绘有几组供养人像，其中上部为坐于床榻之上的夫妻二人，着蒙古族服饰，男者头戴宝冠，女者头戴顾姑冠，彰显其身份；床榻后还立有二侍者，均以没骨法绘制，简洁明快。元代是一个多民族艺术相互影响的时代，石窟壁画也表现出了较为独特的元代绘画风尚。

图 7–34　回鹘高昌王后供养像（又称回鹘公主供养像）公元 9—12 世纪 柏孜克里克石窟第 20 窟 德国柏林亚洲艺术博物馆藏

小结

石窟从根本上来说是一种建筑艺术，又有数量众多的建筑画在石窟内呈现。

从建筑到壁画再到营建洞窟的功德主，蕴藏着中国哲学中“人与天地一物”的逻辑关系。功德主出资开窟、塑像、图绘四壁，不仅在洞窟中装点与佛教信仰有关的内容，表达对佛教的信仰和虔诚，而且将自己与家族成员的生活状态都绘于窟壁，无论是衣饰还是出行排场，都体现了其尊贵的身份与地位。在中国哲学的观念中，人具有无限创造的张力，天以健动不已为德，人必以自强不息应之，唯有如此，方能成其为人，人禀天地之气而生，具有勃勃之生命和力量。[①] 人和万物之间是和融的状态，王阳明的“仁人之心，与天地万物为一体，欣和合畅，原无间隔”，也让我们明白，“我心”这个“灵明”将天、地、物、我整合在一起，说明人的伟大。虽然石窟这个象征佛国的世界是神圣而庄严的，但那些民族英雄或者王室成员、达官贵族，也逐渐成为这个世界里重要的组成部分，彰显着人类自强不息的精神。

① 朱良志：《中国美学史十五讲》，北京大学出版社，2019年，第61页。

参考文献

[1]《大正新修大藏经》，大正一切经刊行会，1924—1932年。

[2]《二十四史》，中华书局点校本。

[3][东汉]许慎撰，[清]段玉裁注：《说文解字注》，浙江古籍出版社，1998年。

[4][东汉]王延寿：《鲁灵光殿赋》，选自《昭明文选》卷十一，华夏出版社，2000年。

[5][东晋]葛洪：《宋本抱朴子内篇》，国家图书馆出版社，2017年。

[6][南朝梁]释慧皎撰，汤用彤校注：《高僧传》，中华书局，1992年。

[7][北魏]杨衒之：《洛阳伽蓝记》，中华书局，2010年。

[8][唐]玄奘、辩机原著，季羡林等校注：《大唐西域记校注》，中华书局，2000年。

[9][唐]张彦远《历代名画记》，人民美术出版社，2004年。

[10][宋]郭若虚：《图画见闻志》，人民美术出版社，2016年。

[11]敦煌研究院编：《中国石窟·克孜尔石窟》，文物出版社，2013年。

[12]敦煌研究院编：《中国石窟·敦煌莫高窟》，文物出版社，2013年。

[13]敦煌研究院编：《敦煌石窟全集·尊像画卷》，香港商务印书馆，2002年。

[14]敦煌研究院编：《敦煌石窟全集·民俗画卷》，香港商务印书馆，2003年。

[15]敦煌研究院编：《敦煌石窟全集·图案卷》，香港商务印书馆，2003年。

[16]王克芬、柴剑虹主编：《箫管霓裳·敦煌乐舞》，甘肃教育出版社，2007年。

[17]陈海涛、陈琦：《图说敦煌二五四窟》，生活·读书·新知三联书店，2017年。

[18]赖鹏举：《敦煌石窟造像思想研究》，文物出版社，2009年。

[19]毛小雨：《印度壁画》，江西美术出版社，2000年。

[20]贺世哲：《敦煌莫高窟北朝石窟与禅观》，见《敦煌研究文集》，甘肃人民出版社，1982年。

[21]季羡林：《敦煌学大辞典》，上海辞书出版社，1998年。

[22]李裕群：《山野佛光——中国石窟寺艺术》，四川人民出版社，2004年。

[23]刘志远、刘廷壁编：《成都万佛寺石刻艺术》，中国古典艺术出版社，1958年。

[24]荣新江：《敦煌学十八讲》，北京大学出版社，2001年。

[25]敦煌研究院编：《敦煌石窟全集·佛教东传故事画卷》，香港商务印书馆，1999年。

[26]施萍婷：《关于莫高窟第四二八窟的思考》，《敦煌研究》，1998年第1期。

[27][美]巫鸿：《再论刘萨诃——圣僧的创造与瑞像的发生》，见《礼仪中的美术——巫鸿中国古代美术史文编》，生活·读书·新知三联书店，2005年。

[28]谢继胜：《藏传佛教艺术发展史》，上海书画出版社，2010年。

[29]谢生保、凌云：《敦煌艺术之最》，甘肃人民美术出版社，1997年。

[30]颜娟英、石守谦：《艺术史中的汉晋与唐宋之变》，北京大学出版社，2016年。

[31] 赵声良:《敦煌石窟艺术简史》，中国青年出版社，2015年。

[32] 赵声良:《飞天艺术——从印度到中国》，江苏美术出版社，2008年。

[33] 赵声良:《敦煌艺术十讲》，上海古籍出版社，2007年。

[34] 赵莉:《西域美术全集·龟兹卷·克孜尔石窟壁画》，天津人民美术出版，2016年。

[35] 张建宇:《汉唐美术空间表现研究：以敦煌壁画为中心》，中国人民大学出版社，2018年。

[36] 张小刚:《敦煌佛教感通画研究》，甘肃教育出版社，2015年。

[37] 郑炳林、花平宁主编:《麦积山石窟艺术文化论文集——2002年麦积山石窟艺术与丝绸之路佛教文化国际学术研讨会论文集》，兰州大学出版社，2004年。

[38] 陈允吉:《敦煌壁画飞天及其审美意识之历史变迁》,《复旦学报》(社会科学版)，1990年第1期。

[39] 董华锋:《四川出土的南朝弥勒造像及相关问题研究》,《敦煌学辑刊》，2011年第2期。

[40] 樊锦诗、马世长:《莫高窟北朝洞窟本生、因缘故事画补考》,《敦煌研究》，1986年第1期。

[41] 贺世哲:《敦煌壁画中的金刚经变研究》,《敦煌研究》，2006年第6期。

[42] 季羡林:《弥勒信仰在新疆的传布》,《文史哲》，2001年第1期。

[43] 王静芬:《弥勒信仰与敦煌〈弥勒变〉的起源》,《敦煌研究》，1988年第2期。

[44] 赵声良:《成都南朝浮雕弥勒经变与法华经变考论》,《敦煌研究》，2001年第1期。

[45] 张广达、荣新江:《敦煌“瑞像记”、瑞像图及其反映的于阗》,《于阗史丛考》，上海书店，1993年。

[46] 宗白华:《略谈敦煌艺术的意义和价值》,《观察》，1948年第5卷第4期。